序言一

从某个时刻起，我的人生仿若非我般顾自前行。或许那已经不是我的人生，我得病了。我不得不修正人生的速度和方向。速度倒是慢下来不少，不过目前正朝着不错的方向迈进。这几年的确是我自己的人生了。

本书概括了我这 10 多年的人生经历和近几年的行进计划。书中汇集了我人生中五花八门的繁杂事件，有些是我以公司员工的身份推进的，有些是我个人独自推进的。原本我可以采用商业书籍的写法，在简要介绍各项企划后，传授个中诀窍，但我不打算那样做。我选择描述发生在自己身上形形色色的事情，进而说明自己如何推进企划，有什么动机和烦恼，还有企划本身及其中的故事。对于那些想快速吸收一些技巧后运用于商业和工作的人而言，本书或许有悖期待。不过为了这部分读者，我在本书的末章准备了浓缩版的附录，还收录了大量的海报。尽管如此，我还是希望读者可以从开篇读起。为了让各位能有愉快的阅读体验，我在本书的编排上煞费苦心。如果这样还是无法让大家感觉有趣，那就是我自身的写作能力和人生机缘的问题了，敬请各位海涵。相比普通人而言，我的经历比较特别，在工薪族中又相当稀奇，如果读者愿意对这样的我略作了解，我将荣幸之至。

目录

本书中出场人物的隶属单位和职位名称等，均以事件发生的当时为准。

另外，考虑到个人隐私问题，部分出场人物使用化名。

第一章

开启旅程

◆北京遇卡

一觉醒来，踏上甲板，海水已是黄色一片。昨日之前的蔚蓝大海踪影全无，海水犹如沙坑中的积水，果然是名副其实的"黄海"。船越来越靠近中国的陆地。写有中文的货船、看着结构简单的木制小渔船来回穿梭于海面。黄色水平线的对岸，远处的城镇尽收眼底。高楼、铁柱、烟囱等集合体宛若浮在黄色海面上的巨大战舰。那便是天津。

刚下轮船码头，我就被拉客仔层层包围。二十几个人同时跟我搭话。所幸我听不懂他们所云，也就没有了心理负担。我立刻搭乘巴士，既没有尝天津米饭，也没有嚼天津糖炒栗子，直奔北京而去。不到半个小时，地平线已在眼前。在日本非要赶去北海道才能见着的地平线，在这里想看竟如此简单。

驶过恬静祥和的农村地带，钢筋混凝土建筑越来越多。汽车多起来了，穿行于汽车间的自行车也多起来了。仿佛来到了北京的郊外。车流停滞不前，我们的车被堵在其间，行驶非常缓慢。从天津出发两小时后，巴士抵达北京。那一天的北京像被覆盖了一层黄色薄膜，处处弥漫着黄色的空气。我在一家建在臭水沟旁、名为京华饭店的廉价旅馆办完入住手续后，即刻入睡。虽然叫作饭店，却不供应饭食。

好不容易来趟北京，时间都耗在排队申请签证上了。北京的俄罗斯大使馆前排起了长龙。小贩们瞅准排队人群，做起了冰淇淋和冰冻矿泉水的买卖。北京真热，其纬度与日本的盛冈相同，理应凉爽，却比大阪还热得多。大概是建筑物中的热气都被室外机排到了外面的缘故。我买了一瓶冰冻矿泉水，瓶盖仿佛已经开了，可能是心理作用吧。没过多久，肚子开始咕噜咕噜作响。不知是不是因为喝了冰水，我只觉一阵腹痛，好想去趟厕所。只是一旦离了队伍，就又得从头排起，我只好暂作忍耐。又一阵腹痛袭来，我下腹用力，总算硬撑了过去。没过多久，下一波腹痛再度袭来。我试图熬将过去，可这波腹痛来势汹汹，我抵挡不住，只得离开了队伍。

第二天，我再次前往俄罗斯大使馆。队伍还是那么长，我开始排队。昨天的小贩来了，这次我没有买水，而是喝自己带去的水。

足足排了两个小时，终于来到办事窗口。我填好了所需资料，在窗口办理申请。接待我的办事员态度简慢，直接驳回了我的资料。理由是想要获得签证，必须有从中国去俄罗斯的交通票据。获取签证还要事先确定去那个国家的交通工具，我是第一次遇到这种情况。旅行指南上也没写啊。

翌日，我去旅行社买了一张前往俄罗斯的跨国火车票。在旅行社买火车票也要排队，花了我半天时间。紫禁城、天安门广场等旅游景点，我还哪儿都没去。第二天，我拿着火车票，又去俄罗斯大使馆排了两小时的队。当然带着水。资料终于被受理了。接下来就是等签证下发。我把北京的紫禁城、天坛公园、胡同地区等较为著名的旅游景点逛了个遍，4 天后又加入了领取签证的队伍。这次排了 3 个小时。好不容易拿到了一份全俄语的签证，至于签证上写了什么，我一无所知。允许停留 7 天的旅游签证，花了 4 天终于到手了。

大学 4 年，我做得最多的一件事就是睡觉。回笼觉睡个两三次是家常便饭，甚至还有连睡 52 个小时的纪录。原以为是要长个子才那么贪睡，不想身体未长分毫。我做得第二多的事是摄影，拍照并展示出来。如今回头想想，我的大学生活就是在拍照展示的周而复始中度过的。大三下学期，我像从朋友那里得了传染病一样，开始思考就业。我虽然想以拍照为业，却也没受过专业培训。从读了 4 年大学的普通大学生转型成摄影师，我终究没那个魄力。我还没有明确的职业目标，不想立马涉足社会，于是选择考研。其实就是希望延长心理社会性延缓（psychosocial moratorium）①的时期。抱着模棱两可的心态去考研注定惨淡收场。果然研究生考试落榜，我开始匆忙寻找工作。"传染病"再度发作，我仿佛发热呓语般不断追问自己到底是谁，应该做什么。可是短短几个月是不可能找到这些问题的答案的。最后，我找了些与当时自己最喜欢的摄影相近的，也就是用表现形式和创作等维持生计的工作，如广告、出版、电视台策划等。我没觉得自己能通过招聘考试，但最后居然幸运地被电通（日本第一大广告公司）录取。

学生时光所剩无几，必须做些只有现在才能做的事，所以我决定开启旅程。除了想亲自拍点世界各地的照片之外，还因为读了杰克·凯鲁亚克的《在路上》②后，一直想去旅行。之前因为没钱，且

---

①　最早由 E. H. 埃里克森提出来的"延缓"原为经济学用语，指经济危机时采取的延缓一定时期支付债务，以回避危机的措施。埃里克森引申其含义用以说明有些青年在成年以后，仍缺乏社会义务感，迟迟不愿承担成年人的社会责任。

②　《在路上》（On the Road）是美国"垮掉的一代"作家杰克·凯鲁亚克创作的长篇小说，首次出版于 1957 年。这部小说绝大部分是自传性的，结构松散，断断续续，描写一群年轻人荒诞不经的生活经历，反映了二战后美国青年精神空虚和浑浑噩噩的状态，被公认为 20 世纪 60 年代嬉皮士运动和"垮掉的一代"的经典之作。

录影带出租店的打工排班多到赶上"正式员工",所以旅行一直没去成。我原本打算读研,修了不少学分,现在无须再去学校上课了,趁这个绝无仅有的好机会,我摆脱了责任感和使命感,踏上旅程。我打算从神户登船进入中国,穿过俄罗斯的符拉迪沃斯托克(海参崴,下同),沿着西伯利亚大铁路去到伊尔库茨克(Irkutsk),去看世界最透明清澈的贝加尔湖,再南下进入蒙古国,继而经中国、尼泊尔、印度、巴基斯坦、伊朗,去到土耳其。去程不坐飞机,只走海路和陆路,然后回日本。这便是我当初的旅行计划。

◆俄罗斯作派

中俄边境常年雾霭重重,我已不记得进入俄罗斯的具体时间。其间仿佛有人检查过护照,但也可能没有,一切恍若梦中。有时,雾色中的草原上会浮现一座褪了色的木结构建筑,形单影只,大约是栋农房吧。由主人亲自涂上油漆的那栋房子,暗示我这里已非东洋之国。

符拉迪沃斯托克的城市规模堪比日本北陆的县政府所在地,面积不大也不小,但确实是该地区的政治经济中心。市中心耸立着成排的欧式建筑。去到郊外,是成片了无生气的公寓,很像我家乡千里新城镇的公营住宅①。有计划地向众多劳动者提供新城镇、住宅区等居所概念,正好符合社会主义的理念,所以风景才颇为相似吧。我为自己长大的地方很像社会主义而惊讶,同时又不可思议地认同一点,即周围之所以有那么多自由主义者,许是城市的形成是源于

---

① 由地方公共团体建造的、以低收入者为租赁对象的住宅,多为集体住宅或公寓。

社会主义的缘故。

太阳迟迟不落山，我在敞亮的符拉迪沃斯托克之夜中游荡。直接对着瓶口喝伏特加的 4 名当地年轻人邀请我参加派对。沙滩上响起了廉价的 Trance（出神）音乐。或许因为音箱廉价，音量过大，音乐时断时续。4 个年轻人跳得兴致勃勃。虽然我不喜欢这个音乐，但我不希望给人不合群的印象，所以也随意舞动。说唱歌手双人组合登上了狭小的舞台。他们体格健硕，身着冰上曲棍球队的制服。明明是夏天，却头戴针织帽，看着很是闷热。他们一边挑逗观众一边说唱。多浊音、缺乏张弛有度的俄语实在与嘻哈说唱搭不上调。说唱歌手两曲过后，开始唱"斯托克斯托克符拉迪沃斯托克，斯托克斯托克符拉迪沃斯托克"。观众们也挥着手，齐声唱起了"斯托克斯托克符拉迪沃斯托克，斯托克斯托克符拉迪沃斯托克"。我不喜欢让别人觉得我不合群，所以也跟着唱。我觉得有些难为情，若是一直这么下去，整个晚上就糟蹋了，于是我向年轻人们告别后回到旅馆。

我从符拉迪沃斯托克车站沿着西伯利亚大铁路，前往哈巴罗夫斯克（Khabarovsk）。我所憧憬的西伯利亚大铁路，速度竟然比我家乡只在站点停车的阪急千里线还要慢。每次到站后，停车的时间都超长，我也不知个中缘由，简直就像是为了让小贩们卖东西停的。他们接连不断地涌来，用手从车外挤进车窗缝递商品。我买了苹果和皮罗什基（Pirozhki）[①]。

列车缓缓开动，夏日里的西伯利亚草原广袤无垠，看到的景色大抵都是绿色的地平线。偶尔可见木屋茕茕孑立。大概是屋主自己

---

① 一种俄式馅饼。

刷的颜色吧，是暖暖的浅色调。有时，会在草原中看到沼泽，里面多半有孩童在游泳。在日本是绝不会有人去那种地方游泳的。西伯利亚短暂的夏天，就像限时大甩卖过期不候一样，得纵情享受。

列车的座位是包厢式的，一个包厢有两张上下铺。床与床之间有张小桌子。与我同个包厢的是两位大婶和一位中年军人。军人过分热情，硬要请我品尝火腿、面包、鲑鱼卵和伏特加。久别返乡，令他心情大好。我本以为俄罗斯人都很冷淡，可他正好相反，开朗、温暖又重情谊。因为喝不惯伏特加，加之列车晃动，我一直感到恶心，吃下去的东西全部吐完后，终于能在上铺躺下了。但还是感觉不适，一时无法入睡。我翻了个身，竟翻到了床外，从上铺掉了下来，直接撞在了下铺的大婶身上。

两天一晚的列车之旅结束后，我抵达哈巴克夫斯克。我背着沉重的行李，从车站徒步走去市区。同样，哈巴克夫斯克也是一个欧式建筑鳞次栉比的中型城镇。

我打算去旅游书上介绍的旅馆住宿，那里离车站只要几分钟。"不能让你住。"旅馆的前台女招待操着拙劣的英语说道。因为我是日本人？还是我看起来很穷？拒绝客人住真是过分。我粗暴地喊道："为什么？"她指了指签证上的某处。虽然我看不懂签证内容，但日期是数字，我还是看得懂的。日期是今天，我问前台这个日期到底是什么意思，未果。我从背包里取出俄罗斯旅行指南一查，上面说那是"签证的有效期限"。签证应该有 7 天有效期，为什么我的只有 3 天？再仔细一看，发现上面还写着：旅游签证办理延期手续后，7 日内有效。我从未听说过此事，毫不知情。"签证到今天为止，今晚能让我住一晚吗？"我一改之前的粗暴态度，谦恭而客气地拜托前台。"办理退房手续的明天，已过签证有效期，所以没法让你入住。"前台冷冷地拒绝道。我不知道如何是好，一时间束手无策。"还是先去出入境管理局吧。"但那天是星期天，那里不开门。

我走出旅馆，坐在附近公园的长凳上，卸下沉重的背囊。已经没地方可住了吗？只能露宿街头了吗？在陌生的异国他乡，露宿街头太过危险。就算今晚平安无事，明天一早也无法继续待在俄罗斯。该去拜托谁呢？该去哪里呢？我把旅游指南的角角落落仔细翻看了一遍，终于发现某页上印着驻哈巴罗夫斯克日本大使馆的联系方式。这是我唯一的救命稻草。可今天是星期天，那里开门吗？一打电话竟然通了。我说明了事情原委后，对方让我马上去总领事馆。

步行约10分钟处，有一座雅致的西式洋房，我按下入口处的门铃。"你好，我刚刚打过电话。"对方回应道："请进。"在哈克罗夫斯克市中心，居然也能用日语沟通，我悬着的心一下子放下了。日本驻哈克罗夫斯克领事馆就设在这座西式洋房之中。书房里端坐一位威风凛凛的人物，长得很像新渡户稻造。他看起来非常冷静，与慌乱的我正好相反。他说："今天暂且由我来替你想办法解决住宿，但明天一早请前往俄罗斯出入境管理局。"平生第一次觉得当日本国民真好。护照首页印有这么一行字："兹请各国相关机构允许所有持本护照的日本国民自由通行，并给予其必要的协助和保护。"果真如上所言。

第二天，我遵照他的嘱咐去了出入境管理局。表明申请延长签证的来意后，就因为这点事我还被迫等了一个小时。我去的不是普通窗口，而是被叫到了楼上。楼上不知是哪位大人物的办公室，里面坐着一位很像赫沃罗斯托夫斯基①（Dmitri Alexsandrovich Hvorostovsky），却不叫赫沃罗斯托夫斯基的男子。这位官员看起来既聪明又冷淡，他问我：

"你为什么来俄罗斯？"

"来观光。"

"你来看什么？"

"我来看西伯利亚的平原和阿穆尔河②。"

听了我的回答，他似乎并未信服。可能是因为他觉得那些风景太过寻常，所以心存怀疑。我必须给他个好印象。

"因为我喜欢俄罗斯文学。"

"那你喜欢哪位作家？"

"托尔斯泰。"

"那你应该去圣彼得堡或者莫斯科。这里是陀思妥耶夫斯基生活的地方。"

他说话冷冷的，感觉像西伯利亚的天气。

"你是怎么来的？"

"从北京坐火车进的符拉迪沃斯托克（海参崴）。"

"你的职业是？"

"大学生。"

接着，他又问了好几个问题。

"你这样的人不应该来俄罗斯。"

我惊呆了，但他还是帮我的签证延长了一星期。

---

① 指德米特里·亚历山德罗维奇·赫沃罗斯托夫斯基（1962—2017），俄罗斯歌剧男中音。

② 在中国境内称为"黑龙江"。

"签证到期前请回日本。"他冷冷地说。

"什么？！我还打算去蒙古国。"

"那可不行。"

"为什么？"

"因为目的地一栏上写着'日本'。"

在我不明所以的地方写着"Япония"。读作 yaponniya，的确是"日本"的意思。我第一次听说旅行签证是定好目的地的。

"那能改目的地吗？"

"怎么可能！"

无论我怎么说，他都坚持我得回日本。我横穿亚洲的梦想一开局就被粉碎，我大为震惊，不免垂头丧气。

"你在哈巴罗夫斯克期间，去旅行社的安娜那里。她会日语，应该可以帮你预订回日本的机票，也会帮你介绍俄罗斯景点。"他表示同情地说。

我怅然若失，办好入住手续。这次入住没什么问题。我如他所言，去了安娜的旅行社。安娜的日语很好，光这点就让我很放心。我在安娜那里买了从符拉迪沃斯托克飞往新潟的机票，以及从哈巴罗夫斯克到符拉迪沃斯托克的火车票。5 天后出发。

"庆太先生，接下来请你慢慢欣赏我们这座城市。还有，请每天来我这里露个脸，因为我会带你去一些好玩的地方。"

此后几天，我如约每天去安娜那里报到。

"庆太先生，你今天做了什么？"

"在街上散步。"

"庆太先生，你今天做了什么？"

"在阿穆尔河游泳，之后在附近拍照。"我每天都向她汇报自己的动向。

我问："阿穆尔河可以钓鱼吗？"她答："原来庆太先生喜欢钓鱼啊。"她便帮我安排了钓鱼的行程。两天一晚，在西伯利亚的河中钓鱼。据说，5月长假的时候，会有日本人来钓樱鳟（Masu salmon）。从哈巴罗夫斯克出发，在公路干线上行车两小时，再搭吉普车在未铺设柏油的道路上开两小时，就到河边了。行船30分钟逆流而上。没有任何护岸设施。这里只是草原上偶尔出现的流水通道，是完全未经人工雕琢的美丽河川。在河中沙洲登岸后，我借了俄罗斯制的粗重钓鱼竿钓鱼，不一会儿就钓到了虹鳟。跟我一起的俄罗斯年轻小伙一连钓了两条长约50厘米的虹鳟。在这样的大自然里鱼可真多，但蚊子也很多。成群的蚊子盖住了我的脸，都在叮我。我持竿的手上叮满了密密麻麻的蚊子。凡是露出肌肤的地方都有蚊子叮咬，蚊香也全然无效。用带来的无比滴胡乱涂抹后，还是不断被叮，涂了也没意义。我还把无比滴涂在脸上，结果药跑进了眼睛，疼得我睁不开眼。看不见浮标，根本无法继续。同行的俄罗斯人倒是对蚊子毫不在意。他们平时就住在森林里，还说自己曾杀死过两只东北虎。再怎么适应野外生活也不至于此吧。我实在没法继续钓鱼，于是收起鱼竿，当天在附近的农家住了一晚。在西伯利亚的农家借宿，享用自己钓到的鱼和屋主捕获的羚羊肉，早上就吃抹了院子里现采蜂蜜的手工面包。虽然这次体验甚是难得，但脸痒得厉害，完全不能尽兴。脸一直发烫，早上起床后，发现肿得厉害，面积骤增20%，就像参加完拳击赛后的拳击手。结束了惩罚游戏般的旅程后，我回到哈巴罗夫斯克市区。

钓鱼归来的第二天，是我在哈巴罗夫斯克的最后一天。我去向安娜告别。

"安娜，我要乘坐今天傍晚的火车回家了哦。"

"这样啊，真有点舍不得，庆太先生。"

"谢谢你的帮忙。"

"事到如今我就直说了，我以为你是间谍呢，当局让我监视你。你说你在阿穆尔河拍过照对吧，那是中俄边境。不过，你不是间谍，是个很不错的人。欢迎你以后再来俄罗斯钓鱼哦。再见，期待重逢的一天。"

◆西伯利亚的哈士奇

向安娜道别后，离火车发车还有点时间，我必须在离开西伯利亚前拍点西伯利亚独有的风景。来到俄罗斯后，我一直想拍点透过西伯利亚列车车窗看到的田园风光。那样的景致并不稀奇，去到郊外随处可见。我只要搭乘巴士，看到心仪的风景后就地下车，再边拍照边走回市区就好。无论哪辆巴士，乘不了多久就能到郊外，所以我随便搭了一辆。

坐上巴士半小时后，眼前就出现了预想中的心仪风景，于是我下了车。一望无垠的大草原，绿色的地平线上，一座浅色系木屋横空独立。那是西伯利亚美丽的田园风光。我沿着草原边的道路，边走边拍。

约摸一小时后，我发现了一座被铁丝网围起来的设施，可能是个发电站吧。我将镜头朝向那里，可是从取景器里看出去的感觉不佳，为了避免浪费胶卷，我没有按下快门。我继续往前走，左边是铁丝网，没走多久遇上一个十字路口。向左一拐，正见几个军人谈笑。他们齐刷刷地看向我，几个人坐上吉普车，向我这边靠近。莫非这里是军事基地？完了完了。他们真是冲着我来的？想想也是，我一个东方人，在这种既不是观光区，又啥都没有的地方，带个照相机瞎逛的确可疑。那实在很可疑，太可疑了。就算我把照相机挪到背后，肩带上也有"Canon"字样。已经太晚了。果然不妙，吉普车在我跟前停下。

吉普车上下来 3 个人，长相分别与"菲多·艾米连科"①、"伊格儿"②和"桑吉尔夫"③相似。他们突然揪住我的后颈，将我丢进吉普车后座。"菲多·艾米连科"和"伊格儿"分坐两侧，把我夹在中间。"护照！护照！""桑吉尔夫"怒吼着。为了防止被盗，我把护照放在了如同腹带般的小挎包里。我刚想把手伸向腹部取护照，右手却被狠狠地拍了一掌。他们好像误会我要掏枪。现在觉得"他们把我当作一流刺客对待好开心"，不过当时却没那么洒脱。我指着肚子大喊"护照、护照"，他们终于理解了我的意思，允许我把手伸向腹部。我把护照递给了"桑吉尔夫"。他仔细地查看了一番。不过光是护照无法证明我的清白，于是他直接带我去了基地。

我们进到铁丝网围成的基地，里面到处是西伯利亚雪橇犬。它们呜呜呜地嘶吼着，好像立刻就要扑咬上来。这才是正宗的西伯利亚哈士奇，完全没有漫步于代代木公园的名流爱犬哈士奇的优雅身姿。哈士奇是介于狼与狗之间但更偏狗的凶猛动物。士兵们用长筒皮靴的后跟踢开哈士奇以开路，就像"踢散"两字的字面意思一样。穿过院子，我被带到了基地内部。我被带去的地方是司令室。像"杜

---

① 菲多·艾米连科（Fedor Emelianenko），俄罗斯职业格斗选手。

② 伊格儿（Igor Vovchanchyn），乌克兰格斗名将。

③ 桑吉尔夫（Zangief），游戏《街头霸王》系列的角色，传说中俄罗斯有史以来最强的摔跤手。

夫·龙格尔"[1] 般冷静透彻的司令官凝视着我，粗暴地喊道："胶卷！胶卷！"他是想确认我有否拍了什么奇怪的东西？我不加抵抗地交出了胶卷。我用零散的英语回答他的简单提问后，被带到了地下审讯室。他们要我待在那里等翻译来。等待期间，我脑子里闪过所有可能的最糟情况。被扣西伯利亚强制劳动，直接被当作间谍教育，杀害后沉尸河里……不安从大脑的四面八方涌来。为了赶走这种不安，我开始想别的事情。我试图记起电子游戏"勇者斗恶龙"（*Dragon Quest*）中的所有咒语，"霍依米""贝霍依米""鲁卡楠……"只有开锁的咒语没想起来。或许看守我的年轻士兵也不忍见我如此不安，他一边说着"我相信你"，一边给了我个炸包子[2]。就像放电影一样，如果炸包子是汉堡的话。

等了 4 个小时，翻译终于现身。来的是名日语翻译，问了我的姓名、年龄、职业、父母姓名、旅行路线、目的，还有在这里的原因。我们全程都用日语交流，沟通非常顺畅。对方似乎已经明白，我只是普通观光客而已。30 分钟的询问结束后，翻译就离开了。终于要释放我了。正当我从椅子上起身时，却被要求"再等一下。刚才是军方的询问，后面还有警察侦讯"。我说："询问的内容你们共享一下不就好了？"他们拒绝道："那可不行。"可能俄罗斯比日本还要官僚，也或许是纵向组织的缘故。我又等了两个小时，侦讯开始了。来人是两名男子，一个长着亚洲人脸蛋，另一个像"马里奥"[3]，蓄着胡子，看起来挺阳光的。长着亚洲人脸蛋的是领导，像"马里奥"

---

① 杜夫·龙格尔（Dolph Lundgren，1957—），演员、导演、武术家。

② 即俄式油炸包子，是俄罗斯菜肴的一种。用面粉、鸡蛋等做皮，包入菜、肉和果酱等上锅炸，或用烤炉烤制。

③ 马里奥是任天堂公司开发的游戏"马里奥"系列作品中的出场人物。

的那个是翻译。领导留着平头，脸上一道大刀疤，显然不是一般人。气氛与之前的军方询问截然不同。警察侦讯时用的是英语，内容也刨根究底。除了问与军方相同的问题之外，还涉及个人隐私，如要求写出关系最好的朋友姓名、父母以外的亲属名字、后续工作单位及地点，真是令人生厌。问题接二连三地抛过来，我却没时间再耽搁了。离从哈巴罗夫斯克回符拉迪沃斯托克的火车发车时间越来越近。若是赶不上，我会损失 100 美元。"刚才已经问过了还不够吗？内容与刚才的完全一样。我急着赶火车，请让我离开。"听我这么一说，翻译一脸不悦。

"好，知道了。侦讯到此结束。但是你将被永远禁止来俄罗斯。如果你能支付 200 美元的话，我就放过你。"他这是让我用行贿来了结此事吗？我想去莫斯科、圣彼得堡，也想看世界最清澈的贝加尔湖，不过 200 美元太过浪费。对于穷游的大学生来说，200 美元可是个大数目。如果把钱付在这种地方，我的旅费就没了。旅行还得继续。

"那拜托你禁止我来俄罗斯。"我告诉他。

"什么？再也不能来俄罗斯，真的没关系吗？"翻译问道。他的语气像是在说：我们的国家竟然还不如 200 美元有魅力？你再想想清楚，日本人。出人意料的回答让他乱了阵脚。"禁止入境没有关系。"我坚持不改主意。"知道了，知道了。这样吧，我安排车送你去车站，我们在车子里继续聊。"对方松了口，我们坐上了军用吉普车。

"光看你拍的那些照片，应该只是来旅游的。你人不错。不过还得再多问你些问题。如果那样，可能需要你再来一趟俄罗斯。"

"我没那么多旅费，来不了。"

"我们给你出旅费，这样你就可以来了吧！"

"开始工作后会很忙，来不了。"

"如果侦讯在驻符拉迪沃斯托克（海参崴）的日本总领事馆进行，应该没问题了吧。"

为什么他如此执着地要我回俄罗斯？真让人害怕。

"等你回了日本，要联系我和东京的赛琪。这个还给你。"他把底片递给我。我没想到他们会还我底片，而且还把照片也洗出来给我。

我还是没能赶上火车，火车票的钱算是折了。好不容易来到这里，又被送回到原点，我郁闷至极。第二天一早，我从哈巴罗夫斯克出发。当初觉得很美的西伯利亚田园风光也已经习以为常，两天一晚的旅程无聊透顶。

抵达符拉迪沃斯托克后，我乘上了从未听说过的航空公司——符拉迪沃斯托克航空公司（Vladivostok Air）的破落飞机，出发回日本。上空可以俯瞰地形错综复杂的符拉迪沃斯托克港口和远方的草原。这片土地我将永远无法踏足了吧！再见了，俄罗斯！

飞行两小时后抵达新潟，没有时差。俄罗斯的日常生活延伸到了新潟。

回到日本后，我先吃了一碗荞麦面。能轻松点餐，能与人交流，写着字的招牌和文字也能看懂。不用担心签证过期，十分安全。所有的一切都令人欢喜。因为太想讴歌日本的自由和安全，我还在公园露宿了一宿。整晚都有蚊子叮咬，我无法熟睡。机会难得，我去了佐渡岛，事后又回到大阪。不用说，我自然不会给赛琪打电话。

◆大地的褒奖

我必须重新开启旅程。回到大阪的家后，我马不停蹄地搭上了从大阪港开往上海的客轮"鉴真号"。在我住的通铺房间里，有不少去往中国的背包族。我立马与他们交上了朋友。船上有麻将房，闲来无事打上几局。正当我要不动声色地"清一色"听牌时，船体剧烈晃动，麻将牌全塌了。

抵达上海。进入上海无须签证。我在这个城市尽情玩乐。走过旧街区、惊叹新街区日新月异的同时，尽享美食。上海比北京更有人情味，每位店员都很亲切。有人说，"北京像东京，上海如大阪"，我好像也能体会一二。

傍晚，与在旅馆认识的同伴随意聚在一起吃晚饭，成了每天的惯例。中国没有哪家餐馆适合一个人吃，因为一盘菜的菜量太大。跟大家一起吃饭，关系自然就好。旅途中邂逅的女孩子特别可爱。为了追求爱知县的可爱女生，我延长了待在上海的时间，但结果一无所获。我像战败的逃兵，向丝绸之路上的城市兰州进发。

随着中国的快速发展，这个内陆城市也随处可见外观漂亮的大楼。名为"兰州拉面"的面条是当地特产，牛肉汤里浸绕着手工做的扁面。不过我觉得，还是京都拉面"天下一品"好吃。

从上海到兰州，越往内陆，湿气明显越来越少，稀疏的植物也逐渐不见踪影。再后面，湿气踪影全无。透过火车车窗可以看见沙漠。除了鸟取沙丘，这是我生平第一次来到沙漠。沙漠不是由沙子形成的，而是由岩石构成的。我想起地理老师曾经说过，沙漠不只有沙质沙漠。沙漠里的颜色极少，只有地面的灰色和日落西山时的红色天空。快要落到地平线下的太阳照在火车上，在沙漠里拉出一道长长的影子，原本灰与红的世界里多了一抹黑色。这是日本这种小岛国家无法造就的风景。中国内陆的景色雄伟壮观。"独闯丝绸之路的男人"，我暗想，车窗外的风景无形中应和着我的浪漫。

火车抵达敦煌。因为旅游业发达，整座城市清爽规整。我在旅馆办完入住手续后，和同屋的川西一起去了沙漠。我们去的是一个叫鸣沙山的沙丘。沙山上全是沙质沙漠，我们登上一踩就塌的沙山，共同欣赏着沉入沙漠的夕阳。沙丘撩人，勾勒出女性身体般的柔美曲线。川西的目标是成为建筑师，他此行的目的是参观世界各地的建筑。他把自己的创作与旅行完美结合在一起，露出欣赏的表情。

沙漠的景致太过迷人，我还想多看一眼，而且我也好想独自一人欣赏夜空下的沙漠。于是，我骑着自行车穿过夜色弥漫的街市，30分钟后抵达沙漠。沙漠里别无他人。我独自仰卧在沙丘顶上。眼前是一片从未见过的星空，连三十等星那样的小星星都能辨识。银河从夜空的这端横贯那端，好像笔刷一笔刷过般清晰可见。仰望星空一段时间后，人就会失去时间感，没有任何东西显示时间在流逝。万物静止，悄然无声，时间停滞。而后不知过了多久，是几分钟、几十分钟，还是几小时。一架飞机跃入我的视野，横贯夜空，仿佛是划开夜空的拉链。时间从里面蹦出来，又开始运转。

藤井和我、川西同住一家旅馆，他要去的地方是西藏。藤井长着一头不拘小节的短发，蓄胡子，戴眼镜，身形纤细。他曾干过3年系统工程师的工作，辞职后开始漫无目的的旅行。我们3人搭乘巴士，前往号称西藏门户的格尔木。巴士开出敦煌，沿着棉花地行驶一阵子后进入沙漠。那里的沙漠也是沙质沙漠，和鸣沙山一样壮观。越过沙之山，穿过沙之谷，远处的车辆就像沙坑中的迷你汽车。途中，我们见到红色的骆驼群，却没遇上一个人。或许那是野生的吧。

远处时而可见类似大水坑一样的东西，是绿洲吗？还是海市蜃楼？穿过沙漠便是荒地，寸草不生的荒地。经过小镇，地面一片淡蓝色，犹如剧毒的矿物一般。荒无人烟。越往中国的内陆地区走，越能看见超乎寻常的景色，犹如大地的恩赐一般。

当时，连接格尔木与西藏的青藏铁路尚未通车。要去西藏只有两条正规渠道，要不从格尔木坐巴士，要不从四川坐飞机。飞机票价格高昂，而且只能从四川起飞。唯一可行的是走陆路。可陆路艰险难行，中途还要翻越海拔 5000 米的隘口。空气稀薄，道路起伏剧烈。巴士时常出故障，乘客常会因此而被迫在车上过夜。搭乘巴士，耗时良多。最重要的是，必须办理进藏许可证。我们在只住一晚的旅馆办好入住手续后，放下行李，出去找一种名叫"红景天"的药品。我在北京的旅馆遇到过一个刚从西藏回来的日本人，他告诉我吃下红景天，并不时补充水分，就能极大缓解高原反应带来的不适。旅行就像一场真实的角色扮演游戏。

◆大地的尽头

第二天早上，王先生来宾馆接我们。他开着一辆崭新的德国大众，无可挑剔。副驾驶座上坐了个中国妇女，抱着个喝奶的小婴儿。"他们是你的家人吗？"我问。他说是去西藏的客人。我以为只有我们几个，没想到还有别的客人。如果 3 个人搭一辆车还挺宽敞舒适的，但车后座坐 3 个大男人就太挤了，况且还有个小婴儿。这样子去西藏不会有问题吧？空气稀薄，身体会不会吃不消？我、藤井、川西 3 人钻进车后座，车子启动。我随即服下红景天。

车子沿着大地上的直道行进，逐渐靠近远处的雪山。海拔不断升高，婴儿的哭声也一阵高过一阵，简直就是海拔测量仪。为了预防高原反应，我特意喝了不少水，所以尿意频频。

　　车子持续爬高后，越过一个隘口，那里的海拔有 5200 米。隘口处有座纪念碑。那里的景致不错，我们小憩了片刻。我抽了一支烟。一口抽下去，只觉得头晕目眩，反胃想吐。

　　越过隘口后，周围全是雪山。走不多远，出现一个大平原，远处可见地平线。这里海拔不下 4000 米，比富士山还高，但还是能看见地平线。地平线的那头是积雨云般层层叠叠的云朵，行驶在遥远前方的卡车像被吸入了云中一般。厚厚的云层和我们之间漂浮着的柔软的小云朵，恰似《西游记》中的筋斗云。只消站上一两个人就显拥挤的小云朵，与我们的距离显然很近。在五层楼高的地方有云层，云层下方是满地的鲜花，我们仿佛置身于云彩王国。远离城镇的草原上，一名男子踽踽独行。他究竟来自何方，又要去往何处？

夜半，我们越过重重隘口，绕过远处可见的关口，在婴孩闹得人几乎无法入睡的啼哭中迎来朝阳。穿越城镇，进到荒野，再遇城镇，重回荒野，几经反复之后，城镇出现的频率越来越高，终于有了人类生活的气息。

中午前，我们抵达拉萨。拉萨是西藏自治区的首府。布达拉宫周围遍布城镇。这里海拔 3700 米。因为离太阳很近，紫外线特强。或许是日照太强的缘故，当地人都被晒得黝黑。市中心名唤大昭寺的寺庙周围，可见五体投地 ① 磕长头的人群。他们跪膝俯地，身体前伸，双膝、双肘、头着地，双手合十，全身心地投入祈祷。

想见识下宗教，是我出行的目的之一。待在日本是不会明白宗教的本质的。我当然去过日本的神社和寺庙，但那并非因为信仰。我周围没有懂宗教之人，几乎没有机会感受宗教。然而，宗教对这里的影响深入人心。我好想亲眼见见不为我所知的宗教，以及那种宗教形成的文化、城市和人。通过观看欧美电影和小说，我对基督教略知一二，但对于伊斯兰教、印度教和藏传佛教，我还是完全无法想象。我想亲眼见识一下。

在拉萨待了一周后，我慢慢习惯了高原，又能享受抽烟的乐趣了。在旅馆的顶楼眺望布达拉宫的同时晾晒衣物，是我最开心的时光。这里的海拔很高，光照强烈，洗完的衣物一晾即干。我在拉萨的繁华街区八角街散步购物，累了喝口酥油茶。路上不时有当地人搭讪，僧侣、市民和孩子，都不怕生。西藏并非富庶之地，亦无产业，农作物的收成也一般。不过人人性情开朗，一副满足的表情，眼睛澄澈。

---

① 五体投地是指双膝、双肘及顶着地，是佛教最敬重的礼节。

我在拉萨迎来 24 周岁生日。旅馆里的同伴为我庆祝生日。他们像举办幼儿园生日会那样，用纸做成的锁链圈装饰房间，还为我做了日本料理。除了没有女朋友之外，一切都很完美。我好想一直待在拉萨。

我们包了辆丰田越野车，在未经铺设的道路上开了整整一天，来到远离村庄的一个寺庙。丧礼在翌日早晨举行，当晚我们宿在庙里。

我旅行的时间所剩不多，差不多该去下一个地方了。从敦煌开始结伴而行的川西、住同一个旅馆的真矢，还有秀，我们 4 个人一起向尼泊尔进发。真矢和秀打从云南起就扮作当地人模样，是沿途搭便车的高手。我们包了辆车，包车听着气派，可却是唯一可行的交通手段。车型只有丰田的陆地巡洋舰和三菱的帕杰罗，因为道路艰险，不是四轮驱动车就无法行驶。

我们从拉萨经过西藏的第二大城市日喀则，途经寸草不生的荒野，在能远远望见珠穆朗玛峰的小镇上住了一晚。这里比拉萨冷得多，让人无法入睡。本想着喝点红茶什么的暖暖身子，可这里既没有电也没有煤气。所以只能稍微打个盹，然后起床出发。我们从海拔 5000 米的仿佛大地尽头之处，急速往下行驶约 1 小时，下到海拔 2000 米的小镇樟木镇。香蕉树显现在眼前，湿答答的潮气包围着我们。许是有低山反应之类的毛病，我们 4 人都病倒了。我们"满身疮痍"地穿越国境，好不容易抵达尼泊尔。

加德满都既有美味的比萨，也有意大利面和牛排。可爱的女孩子很多。夜晚霓虹灯璀璨，情侣在路上热烈地调情。城市灯光闪耀，令人炫目，与山那侧质朴天然的西藏恍若隔世。我舒心惬意极了。太过舒服，反而让人不爽。我随即去了印度。

◆洗礼

抵达尼泊尔和印度的边境城镇苏诺里（Sonauli）后，我去了巴士终点站拉客仔介绍的小旅馆。小旅馆简陋无比，只是在窝棚上铺了层茅草，屋顶和墙壁之间开着大洞，自然会飞进来很多蚊子。睡觉时要点蚊香，印度式的叫法是盘香（mosquito coil）。蚊子飞来发出嗡嗡嗡的讨厌声。可能是长在南国的缘故，蚊子的个头很大，怎么打也打不完，我被扰得无法入睡。睁开眼，看见身旁的墙壁上蹲着一只大壁虎。它正盯着蚊子。在它身后，是一只盯着它的老鼠。突然咚的一声，像是什么东西跃上了屋顶。从墙壁缝隙里钻进来一只猫，它的目标是老鼠。一条食物链就此形成。

我没法睡觉，干脆动身去了卡修拉荷（Khajuraho）。卡修拉荷有座印度教寺庙，寺庙的墙壁上有许多雕刻，很有观赏价值。

我去了瓦拉纳西（Varanasi）。刚下车，就被人力车车夫团团围住。"旅馆在哪儿？已经订好了吗？"虽然我没有事先预订，但也装作订好了的样子，拜托车夫说："去沙瓦旅馆。"车夫拉着车将我带到了旅馆，但那不是沙瓦旅馆。车夫对我说："到沙瓦旅馆的道路正在施工，所以今晚你就住这里吧！"这家旅馆远离瓦拉纳西市中心，但价格却与沙瓦差不多。太阳快要下山了，所以我决定在此住上一晚。第二天，我换去沙瓦旅馆，才知道根本不是什么道路施工。车夫和旅馆是串通好的，带客人去住就能拿到介绍费。每天都有人被敲竹杠。无论是出租车还是人力车，都不会老老实实地带我去想去的地方。连买瓶可乐都要讲价。用100卢比纸币买1瓶20卢比的东西，只找回30卢比。我以为自己给的是50卢比的纸币，后来一想完全不是。我要求他还钱，他却装傻吐舌道："被发现了？"

让我恨都恨不起来。有人力车接近我，问我去哪里，我回答他去日本。他喊了声"啊呀——"，一边笑一边摇着头说我真逗。或许他们这些拉客仔并非真心想拉观光客，不过是闲得慌想找人说话罢了。

瓦拉纳西是恒河畔的印度教圣地。从恒河对岸观日出，去火葬场看尸体火化，喝个茶，太阳就下山了。看着从未见过的硕大日出、燃烧尸体的火焰和流淌不息的河川，让人不由自主地思考起死亡和自然。思考让人愉悦。我在瓦拉纳西待了几周，却像是过了好几个月，又仿佛是数年。

夜晚，旅途漫漫的旅馆房客们聚到一起，演奏非洲鼓和迪吉里杜管[1]。一种嬉皮派的风格。尼泊尔、印度和更带嬉皮风的旅客在增多，标榜自由的嬉皮本身，被限制在自由的形式中。

我从瓦拉纳西到了德里。正如名字上存在新德里和旧德里一样，德里也混杂着新旧事物。毫无生气的高楼大厦下，仿佛活了几百年的老人正在乞讨。早晨在旧德里喝的一杯印度奶茶，简直美味无比。

从德里去到阿格拉（Agra），参观了泰姬玛哈陵。所有人都光着脚在宫殿里走来走去。从始至终，殿内都弥漫着脚的气味，简直臭气熏天。

从阿格拉去到斋浦尔（Jaipur），由于旅途劳累，我患上了感冒。于是窝在旅馆里，读三岛由纪夫的《金阁寺》，那是跟在瓦拉纳西偶遇的旅人换来的。这部作品笔触细腻，充满自省之意，内心世界描写细致，完全不适合无法顾及琐事的印度。因为感冒，我在斋浦尔的旅行半途而废，暂且回去德里。离开德里不过一周，却甚是怀念。我深深爱上了这座城市。

---

[1]　迪吉里杜管（Didgeridoo），澳大利亚原住民用的低沉音木管乐器。

　　我又去了锡克教徒的圣地阿姆利则（Amritsar）。从藏传佛教的总寺院到锡克教的总寺院，感受十分不同。阿姆利则金庙正如它的名字一样，是一座金光闪闪的寺庙。周围被护城河环绕，所有建筑都是用白色大理石砌成的。进到庙内，便听到从喇叭中传出美妙的歌声，好像是锡克教教徒的赞美诗之类的吧。这歌声仿佛正在歌颂人生圆满还伴着叩击水面般柔美的塔布拉（Tabla）鼓声。我绕着参拜的道路，进到建筑物中，适才听到的音乐其实是当场演奏的。信徒们在蓝色的地毯上各自祈祷，陷入沉思。我宛如置身于天堂的宫殿一般。

◆艰难之旅

　　从印度到巴基斯坦。对立两国的国境并非一跨而过的线条，而是横亘数公里的宽阔界限。边境设有缓冲地带，两边有许多士兵列队把守。两军正在进行军事训练，仿佛是在做"战争"这种运动前的热身。那架势似乎在告诉我们，他们已经做好了随时上阵的准备。越过边境，办完入境手续，进入拉合尔（Lahore）。无论买什么，报出的价格都比我想象中的便宜。这让我意识到，巴基斯坦并不兴敲竹杠。人力车和出租车都会准确无误地带我去想去的地方。一切都比在印度顺利两成。人们靠近我，问我要不要帮忙拍照。迷路的时候马上有人热心指路，甚至还有人邀请我去家里吃饭。每天太阳一升起，震耳欲聋的唤拜声（adhan）就会响彻整个城市，傍晚也同样可闻。即便从破音的扩音器中传出，唤拜声依然美妙，与迄今为止我所听到的歌声明显有别，似乎发音的声带部位不同。舒畅、激昂、哀戚，简直就像在沙漠中边观赏落日边为生存悲叹呜咽。

　　我一下就喜欢上了伊斯兰教，想了解更多关于它的情况。我稍稍读了点日语版的《古兰经》，但因看不明白而受挫。对于伊斯兰教，我根本无法想象。世界四大宗教中，佛教我自然是知道的，也认识基督教。我想着印度教由佛教衍生而来，一定也与佛教相似，事实上我猜得八九不离十。不过，我对伊斯兰教却全然不知，因此，对其心怀畏惧。其实我接触到的当地人都温柔、质朴、亲切、踏实，或许这就是巴基斯坦这片土地赋予他们的特质。

　　在拉合尔的旅馆里，我与在瓦拉纳西分别的真矢不期而遇。他也正往西行。在这广袤的世界中，能在无数城市的无数旅馆中再次遇上，绝非偶然可以解释。旅人间的邂逅命中注定。回国后，我在京都祇园祭的熙攘人群中，偶遇在敦煌见过一面的藤井。既然如此，我就与真矢约定，结伴前往白沙瓦（Peshawar）。

　　白沙瓦位于阿富汗和巴基斯坦的交界地带。阿富汗的难民涌来，郊外设有难民营。城里一片混乱，警察和士兵为数众多。他们携带的都是大型枪支，整个城市充斥着恐惧不安。白沙瓦的旅馆（Tourist Inn Motel）里汇聚了不少旅游能人，没有像嬉皮士那样一看即明的旅人。他们曾多次迂回于血肉横飞的战场。加拿大男子骑着自行车穿梭于内战中的阿富汗。其他还有好几名去了阿富汗后又回来的日本人。我甚至没想过能去这些国家。我被这些事实勾起了无限兴趣。阿富汗仍处于内战之中，但喀布尔、巴米扬、马扎里沙里夫（Mazar-i-Sharif）相对比较安全，可以前往。不过，从阿富汗去伊朗尚无可能。坎大哈（Kandahar）、赫拉特（Herat）尤其危险。我听说去的人不是失踪，就是被强暴，已发生了好几起这样的事件。我的目的地是伊朗，若能取道阿富汗就能少走冤枉路，可途经坎大哈、赫拉特实在太过危险。比较可行的方法就是把行李放在白沙瓦，然后去阿富汗再回来取。

　　虽然方法可行，但旅行本身却不现实。因为专程前往的国家正处于内战之中，埋设有很多地雷。去过那里的人告诉我旅馆和交通设施等基础信息，但都不愿意多说对阿富汗的感想。其中有个人回来后，在雪白的笔记本上胡乱涂写，还时不时地大叫。然后边大叫边在旅馆的墙壁上写些什么。

　　白沙瓦近郊有一个叫达拉（Dalla）的小镇，专门制造枪支，谢绝旅客入内，但只要拿钱贿赂警察，就可以参观。我和真矢一起去了小镇，坐上当地公交，约摸数十分钟后抵达达拉。那是一个裸露的山脊被干燥土壤夹在其中的峡谷，主干道旁便是小镇。我们战战兢兢地走在小镇上，不知从哪里冒出来个警察，跟我们说："旅客禁止来此。"随后，他使着眼色说："你们懂的吧！"我们给了钱，交易成功。于是，他从警察摇身一变成为向导，带我们到了武器制造工厂。在一个如东大阪小镇工场般的地方，正在手工打造贝瑞塔、AK-47等枪械。老铁匠拿着锤子在烧得通红的热铁上敲打。"你拿这把枪试试"，说完他递给我一把贝瑞塔手枪，这点分量就能夺人性命吗？

　　"你们要不要试试打枪？"警察带我们来到镇郊时问道。我们朝着荒野，打了整整一弹匣的AK-47子弹。子弹打得山壁当当作响。不过一眨眼工夫。我明白了只要动动手指就可以轻易杀人的道理。

　　我买了一种名叫"pen gun"的小玩意。正如它的名字一样，是一种笔形手枪。拉开按压处，装入子弹，按压笔夹，即可射发子弹。笔身上印有"MADE IN FRANCE"（法国制造）和"MADE IN JAPAN"（日本制造）两种字样。我买的是"MADE IN FRANCE"，含子弹在内共200日元。当然，其实都是"MADE IN

PAKISTAN"（巴基斯坦制造）。我和真矢都想试一下枪，于是去了空无一人的白沙瓦郊区，对着卫生纸射击。我原以为它类似玩具，没想到竟能打穿卫生纸卷，深深嵌入石墙里。这东西若是朝人发射，怕是会死人。待在白沙瓦，危险的感觉都麻痹了，对闪着凶光的枪支习以为常，配备小型枪支的警察也看着势单力薄。我开始有想干点什么更危险事情的冲动。我想去阿富汗，亲身感受一下战争。

　　有人建议打扮成当地人的模样会比较安全，于是我在白沙瓦订制了一套叫"沙尔瓦卡米兹"（shalwar kameez）的民族服装。缠上头巾，和真矢一起离开旅馆。去到边境没有交通工具，我们包了一辆出租车。来接我们的出租车里还坐着个持枪士兵。从白沙瓦去边境必须经过"联邦直辖部族地域"（Federally Administered Tribal Areas），那是一个民族自治的治外法权区域。偏离主干道 5 米以外发生的一切事情，巴基斯坦政府都绝不干预。是因为去的那个地带异常危险，所以才让士兵同行防卫吗？还是士兵恰巧去的方向与我们相同？最终我不得而知。车行驶在干涸荒凉的大地上，我的脑海中不知为何一直浮现《与作》[①]一歌。

车抵达边境的开博尔山入口。边境入口处写着"Welcome to this sacrificed country. You may decide big decision to come here."（欢迎来到这个舍生取义的国度。来到此地，你或许下了很大的决心吧。）我的确下了决心。不过作为一条欢迎标语，实在不够体贴。前面到底会发生什么？我们怀揣着不安迈出了国境。国境附近有一座不起眼的小型白色建筑，这里便是入境管理处。里面坐着蓄着乌黑长须、一身洁白的执事人员，我们递上护照。入境审查很简单，只问了身份背景和旅行目的。我听说这几个回答至关重要。如果回答入境是为了观光，便会遭到怀疑，因为没人会来打仗的国家观光。如果回答工作，又会被以为是记者，嫌疑更大。于是我用从之前来过阿富汗的旅人那里听说的标准答案做了回答。"我们是佛教徒，要去佛教圣地巴米扬（Bamiyan）巡礼。"即便宗教信仰不同，但对宗教的热忱仍被认可。

办事人员直接把我们的护照拿去了某处，过了许久也不见回来。等得过久，都让我怀疑他是不是带着护照跑了，或是拿去哪里卖了。房间里只有一张桌子和一扇简陋的窗户。这么一间小小的水泥屋子，实在与入境审核处画不上等号。我们静静等待。

办事人员终于回来了。他把护照交还给我们，点头示意我们"通行"。听说他们会仔细检查入境人员携带的行李，但我们的行李并未被查。早知如此，我把相机带来多好。阿富汗境内禁止拍照，听

---

① 《与作》是一首日本演歌，1978年1月由歌手北岛三郎发行单曲。歌词描绘了一个伐木工人日出而作、日落而归，与妻子平淡生活的画面；曲调类似农民/工人劳作时唱的号子歌。而配乐有尺八、长笛等元素，故整首歌曲也给人空灵恬淡的感受。

说相机会被没收。我的旅行还要继续，若被没收，就没法拍了。所以我只带了个一次性相机，那样就算被没收也不可惜。

　　我们还没搞清楚阿富汗的交通体系，就直接搭上了他们大喊"卡布尔"的厢式车。10人左右就将这车塞得满满当当，乘客都是当地人。"过来过来"，司机向我招手示意，于是我坐上了副驾驶座。那可是车里的一等席位，既宽敞，又能看清楚前方景色。车行驶在单向一车道上，尽管是主干道，却几乎未铺设柏油。即便铺过柏油，颠簸得如此厉害，也分不清泥土和柏油的界线了。孩子们正拿着扫帚清扫道路，试图把路面弄干净。一有车子开过，孩子们就会伸手要钱，是清扫协助金吗？可是，司机们却对孩子们的讨要视而不见，反而快速地从孩子们的身边驶过。尘土飞扬，掩住了孩子们的身影。孩子们若无其事地继续清扫，仿佛什么事也没有发生。去到镇上，随处可见轰炸的痕迹，遍地是巡逻的战车，与我之前到过的国家不同。

远处有岗哨检查。之前还放着欢快音乐的司机，换了盘卡带，成了厚重的宗教音乐。他向我使了个眼色，只见岗哨前 10 米长的木棒上串着无数卡带，卡带中散出来的磁带随风飘荡。黑色磁带在阳光的反射下闪光，简直就是现代艺术品。从司机那里没收来的卡带都被串在木棒上。我们这辆车的卡带未被没收，顺利通过了岗哨。没过多久，司机又取出卡带，重新播放起阿富汗的欢快流行音乐。"这是描写远赴他地游牧的放羊人思念远方恋人的歌曲。"司机望着远方说道。还能找到一个敢于钻法律空子谈论爱情的司机，我深感安心。

我们抵达阿富汗的首都喀布尔（Kabul）。几乎所有的建筑物都或多或少地遭到了破坏，整个城市体无完肤。基础设施遭到破坏，数条流淌着污水的小河赤裸裸地展露在眼前。办完入住手续后，从窗户眺望喀布尔，远处的群山映入眼帘。褐色的山对面是紫色的山，紫色的山对面是绿色的山，绿色的山背后还有雪山。若非战乱，这里一定是个美丽的城市。

我在旅馆附近用餐，吃的是冷咖喱和又硬又冷的烤饼。旅馆里什么也没有，也没法淋浴。快要准备睡觉的时候，传来了敲门声。那是晚上 11 点，我因为害怕未加理睬。然而，敲门声不但没停，反而越来越大，那气势仿佛马上就要破门而入。我再也无法坐视不理，于是战战兢兢地开了门，走廊上并排站立着 5 名男子。正中间的那个身材魁梧，两侧分别是身材高挑、抱着双手的两名男子。两头分别是一个瘦高个和一个矮胖子，正咯咯地笑着，仿佛是动画中的恶人组，《龙珠 Z》中的基纽特战队。中间的队长开口道："You do not stay this hotel。"

他的意思是不准我们住这家旅馆。因为这里是给当地人住的，外国客人必须住外国人的专用旅馆。我们对此一无所知，更重要的是住一晚外国人专用旅馆要 1800 日元。"我们明天就要启程去巴米扬。今天也很晚了，就通融一下吧！"我们请求道。"知道了。既然这样，请现在去办公室办理外国人登记。"他回答道。我不明白为什么要办这手续，可看情形又非去不可。如果我们两人都去办手续，只留行李在房间太过危险，最终，我们决定由会说英语的我去登记，真矢留在旅馆。

我和队长两人下了楼梯，去到外面。队长指了指自行车后座，是让我坐自行车去吗？自行车后座像是堆放行李的，宽度略宽。跨坐上去的话，大腿的内侧会疼。于是我稍做迟疑后，决定学那坐在男朋友身后女高中生的样子，侧坐着用手搭住队长的腰。自行车载着我俩飞奔在夜色笼罩中的喀布尔。街上偶见几处街灯，简陋灯泡的橙光照在崩塌的建筑上。明明是市中心，却无人走动。戒严令已出，夜里谁都不准出门。约摸 5 分钟后，我乘坐的自行车抵达办公室。入口处的警卫向我投来格杀勿论的眼神。他右手持枪，一张脸红得像《三国志》里的关羽。向上吊起的双眼通红，布满血丝。小混混瞪人的眼神跟他比起来，简直就是小巫见大巫。他是我迄今为止见过的最瘆人的脸。那张脸上凝固着一种高昂情绪，像游戏《最终幻想》（*Final Fantasy*）里被施了狂暴魔法的狂战士。想必他杀我这样的人易如反掌吧。队长一扬手，他就突然站立不动了。狂战士还是有自我意识的。我直接被带进了办公室。队长让我在玄关处等他，自己走进了帘布后的房间。那里是一间混凝土建造的、没什么气味的崭新办公室，只是里面寒气逼人。帘布被啪地一下拉开。房间就学校教室那么大，四面的墙壁全都直挺挺地靠满了枪。那些枪并非凡品，大到一个人都拿不起来，是架在三脚架上发射的重型机关枪。

机关枪的旁边还横着巨大的枪带。我哑然失惊地环顾那房间，队长张开双手大声说道："Welcome to Afghanistan！"（欢迎来到阿富汗！）仿佛某场表演即将开始。我感觉若是我的反应有异，就不会轻易过关。所以，我既没有惊慌，也没有微笑，当然也不能不理不睬，只是微妙地点了点头。队长一直保持着微笑。他让我填写资料。虽然我不知道那份需要填写的资料是用何种语言所写，但我还是填上了自己和真矢的名字，以及日期。队长问我要不要喝点什么，我因为害怕，急于回去，就婉言拒绝了。他又骑车带我回到了旅馆。真矢和行李都安然无恙。

第二天一早，我们去了巴士起点站。我们想尽快离开喀布尔，便搭上了去往巴米扬的公共巴士。越往前，道路越是简陋。山越来越多，在只有泥土的褐色风景中，一湾河川潺潺而流。那能称得上是翡翠绿吧！如果绿宝石能翠成这样，我定会喜欢不已。

迎面交错而过的卡车车厢里约有 20 名塔利班武装人员。他们全都站立着，身穿清一色的纯黑沙尔瓦卡米兹，头上绑纯黑的头巾，肩上挂着 AK-47。所有人都留着长发，蓄着胡须。许是因为血统混杂，他们眼珠的颜色各不相同，有黑、褐、蓝、绿 4 种颜色。他们各自注视着远方。这是要赶赴战场，还是被送往战场？

山道突然陡峭起来，陆续开始见到积雪，最后一切都变成了雪白。车行驶在白雪覆盖的道路上，道路既未铺设柏油，也没有护栏，什么都没有。谷底可见数辆翻落的大卡车和巴士。积雪被狂风席卷之际，一群驴子从车旁奔跑而过。

半夜里，车子突然在雪山上停住。"你们下车，过来这里。"司机说着，强行将我们带去岩石后方。"我要让你们在这儿下车。不愿意的话就给钱。"他的声音粗暴，一张脸冷若冰霜。若是被丢在这种地方，我们该如何是好！虽心有不甘，也只能乖乖付钱。可能是战乱让这里的人都变得粗暴无理，一有机会就搜刮他人钱财。

◆悲怆的佛陀

白雪皑皑的平原周围环绕着茶褐色的岩山。车子抵达巴米扬。过去，这里曾被称作"天竺"，是《西游记》中三藏法师历尽千辛万苦才走到的地方。周围是一片银色的世界。我走下巴士，突然被一群孩子缠住。孩子们摆出按快门的姿势，仿佛在说"带了相机对吧，给我们拍几张照吧"。相机我没带来巴米扬。虽然带着一次性相机，可胶卷的数量有限，我不想浪费。更重要的是，若是携带相机之事被塔利班知晓，事情就棘手了，而且还有被告密的风险。我再三以"自己没带相机"为由拒绝孩子们。孩子们却仿佛觉得我们这些大人不通情理，便向我们扔来了雪球。和孩子们打场雪仗也不错。我们也捏起雪球反击。原本想和孩子们愉快地玩上一场，没想到我的大腿上一阵剧痛。原来孩子们在扔过来的雪球中放置了石块。混杂着石块的雪球接二连三地袭来，我们举白旗投降。

此行的目的必须达成，我要去参拜巴米扬大佛。我徒步走到地处郊外、寸草不生的裸露岩山地带。山体表面被凿出洞窟，其内就是大佛，至少有25米高吧。大的两尊，小的数尊。可能是当时留下的吧，被炸空的洞穴顶部，曼陀罗般的蓝色壁画依稀可见。大佛跟前不见一人，取而代之的是散落眼前不计其数的弹壳、火箭筒未爆炸弹和用过的针筒。佛像上的伤痕有些是岁月烙下的，有些是枪弹击中造成的。大佛没有脸，只有脸被削去了。这里禁止崇拜偶像，所以脸都被削掉了，仿佛是大佛自己不愿见到丑陋的人类，亲手将脸削去了一般。倘

若阿富汗不发生战争，这里应该会成为世界遗产，吸引大批游客来观光吧。我回国后没多久，佛像就被塔利班炸毁了 [①]。

外面天寒地冻，气温低于零摄氏度。我一回到旅馆，就询问是否有奶茶喝。旅馆老板愣住了，恼怒地向我表示别再指望有什么牛奶。好不容易来到巴米扬，原想着天竺会有些什么，结果一无所获。严寒让我的脑子变得怪异。

我漫步在一无所有的巴米扬大街上，全身漆黑的塔利班武装人员在市中心叫住我，问我要不要共进晚餐。我同意后即被带到他们的办公室，里面有 3 个身材魁梧的男子。3 个人都像是这片土地上的权势之人。"我练过跆拳道，你们也会跆拳道吗？要不要来打一场？"其中一人煽动道。"别这样，冷静点"，其他两人安抚道。作派稳健的两人目光锐利，从头至尾都像是在试探我们。他们请我吃又冷又硬的烤饼时，敲门声响起。旅馆老板一进来，就立刻拉住我的手，拽我往回走说："跟我回去。"我们搭乘印有大大 UN 字样的联合国白色吉普回到了旅馆。"你们这些人到底想干什么？！不是告诉过你们晚上不要乱走的吗？！我们到处找你们啊。这里是阿富汗。你们明白不明白啊！"坐在副驾驶座上的联合国法国医生满脸惊惧。我们的做法的确有失稳妥。法国医生说："这里可能马上会变成战场，你们还是回去的好。"他第二天一早就离开了巴米扬。这医生的行动之快，令我愕然。还是快点回去为好，我们也在第二天离开了巴米扬。

回到喀布尔。之前巴米扬旅馆的老板说："装扮成当地人，就真会被当作当地人，这样很危险，还是打扮成旅客吧。"所以我们

---

① 巴米扬遗址在 2003 年被联合国教科文组织列为世界文化遗产。

当即在喀布尔物色好衣物，在卖救援物资的估衣铺里买了许是救援物资的皮衣。然后配上牛仔裤走在街上。可能是观光客比较少见，我像明星似的，被一大群人跟着，队伍竟多达50人。我在寻找可乐，其实在巴米扬的时候就不明缘由地想喝可乐。在喀布尔的街上走了两小时，终于在市场食品店里找到一罐坑坑洼洼的百事可乐。

寒冷和紧张令我疲惫不堪，因为无法摄取足够的食物，身体难以从疲劳中恢复。差不多该回去了。办完离境手续后，我安全离开了阿富汗。有个男孩牵着一头羊，拨开孩子群，悠然跨越国境，把羊送达巴基斯坦那侧的肉店。肉店屋檐下悬挂着许多肉块。羊儿发出我从未听过的高调声，拼死反抗。

阿富汗每天都处在水深火热之中，生活今天不知明天，为什么我还在为今后去公司就职而烦恼呢？稍微忙一点又怎样？改变一下自己又怎样？能工作就已经很幸福了。今后没必要再为任何事情烦恼了吧。我回望着阿富汗的荒野，得出了这样的结论。

我从喀布尔回到了白沙瓦。时隔两周，终于可以洗个澡了。真的应该感谢热水，温暖了寒彻骨髓的我。

我已经习惯了旅行。还未整理好阿富汗带给我的震撼，就已在向西横穿巴基斯坦，在奎达(Quetta)待了一段时间后，进到伊朗国界，穿越土耳其，从伊斯坦布尔回到日本。

第二章

踏入社会

◆又见东京

旅途归来后，我当即入职电通。最初的两个月，所有新员工都要赶赴东京参加入职培训。我先是住进了位于调布的员工宿舍，那是一间 6 个榻榻米大小的小房间。早上起床后，要在公用的洗面盆前盥洗，在"哎哟，你好丑啊""你不也是"这样令人不爽的对话中开启一天。我爽快地剪去了旅途中未曾修剪的头发，把为了免受伊斯兰教徒轻视而留长的胡须剃了个干净，还换上了清爽像样的廉价西服。我不习惯打领带，重打了几次后才离开宿舍。乘上京王线的满员电车颠簸至新宿站，我被迷宫似的新宿站震撼。为了不打乱众人移动的速度，我快步走着来到公司。与我同期进公司的有140人。他们大多很厉害，不是聪慧过人，就是当过超级运动员，抑或是极其幽默。我们白天培训，晚上喝酒聚会。他们习以为常地流连于银座、涉谷、新宿等狂躁的东京地区。我跟不上他们的节奏，无法随心所欲地与之交谈。即便我想与他们说话，许是因为旅行时很少用到日语，导致想表达的意思浮于脑中后，要转两圈后才能形成语言。去年春天在聚会中，我们还能在同等水平上交谈，我还能逗他们开心。我也曾是他们中非常有趣的一员，而现在却像一个麻烦人物，甚至被怀疑进入电通的用心。我试着跟他们讲阿富汗的故事，可他们的反应不温不火，仿佛没人有什么兴趣。我和他们之间出现了巨大的鸿沟。是我出门旅游后发生了变化，还是他们变得反常？东京的初回生活体验、第一次独立生活、最初的职工生活，在刚结束近一年的亚洲旅行后，变得举步维艰。我没能跟上环境的变化。领带令我窒息，衬衣太过惨白，西装感觉束缚，皮鞋走起来硬邦邦的，身心都无法很好地适应。

我思虑过甚，每天都难以入寐。明明有些日子不想见人，却还是不得不去公司。这点和大学时代不同。"豁出去了。"我强打精神，总算勉强撑过了入职培训的那段日子。渐渐地，我不会再在新宿站迷路，也明白了涩谷与新宿之间有个原宿，更意识到与其深入探讨一个话题，不如顺势进到下一个话题，无须做到每个话题都引人发笑。我还学到如果总是拿自己的糗事当段子，会让别人真的担心，还是慎言为妙。我逐渐适应了东京的生活。

两个月的入职培训接近尾声，每个人都要提出各自想去的部门和地点（东京、大阪、名古屋）。进公司的时候，部门和工作地点尚不明确。公司会在培训期间对你是否合适做出判断，再根据个人的愿望决定分派单位。我从就职考试开始，就明确希望去"创意局"，这个想法从未改变。我进电通就是为了制作广告，除此以外别无他想。至于工作地点，进公司前我觉得哪里都行，不过现在在东京待得难受，就想回大阪去。

希望去大阪的新员工不多。得偿所愿，我被分配去了关西分公司，部门也是我属意的创意局。起初，我在东京参加了专为创意局新人开设的培训。活跃于一线的创意人前辈给我们传授了他们自己的广告理论和企划方法等。内容并非概论，仅限于广告制作，感觉只要学习喜欢的课程就好。全部学员都有相应课题，需要提出企划方案。方案有趣与否，一目了然。特别优秀的企划案会得到讲师的称赞。创意竞赛的序幕由此拉开。许是我的水平中等偏下，几乎没有受到过讲师表扬。分配到创意局的，以不太积极、偏内向的草食系人物居多。若在同所大学读书，应该也是同个圈子的人，这让我很放心。来到这里后，终于能安下心来，身心统一了。

原先只知道新宿、涉谷、银座的我，知道了上野、浅草、代官山、中目黑、自由丘、二子玉川之后，又被分配去了大阪。同期进公司的同事来东京站为我送行。再见了，同事；再见了，东京。新干线驶过横滨，穿过热海。我本想向富士山告别，可当天阴云遮蔽，什么也看不清。到了新大阪，换乘地方铁路时，我听到电车里叽里呱啦的关西腔对话。这么想来，东京的电车里倒是几乎没人说话。大阪污浊潮湿的空气令我心安。

这次是参加大阪培训，只为隶属关西创意局的 7 个人开设。活跃于关西的前辈给我们上了关于广告理论、企划方法等的课程。好几位讲师曾制作出我儿时喜欢的广告。仰慕对象的教义鲜明强烈。

· 广告永远是碍事者。没人想看。

· 所有的企划都要简洁，单一的视觉效果＆单一的广告文字。

· 愁眉苦脸也想不出企划。要开心制作。

· 不要吹嘘产品。

· 要摈弃逻辑，用感性思考。

· 新东西无人知晓。要干特别的新鲜事。

· 正确的事情没啥意思。

· 不正经的事要认真去做。

这与我在东京所上课程差异甚大，没有 180 度也有 120 度。说些正经的、聪明的话，会被当作是"无聊的家伙"。我以为那样会比较好，所以一直扮演着正确的新员工角色，但到了关西，却被判定为"无聊的小白"。

培训结束。我这个在别人眼中必定是认真无趣的小白，被分配去了看似认真的部门，做起了看似正经的工作。我被安排在大我 5 岁的永松前辈手下。我像跟屁虫一样跟在永松前辈身后学习。永松前辈自称是"体育会系中的文化系"（注：体育会系是大学等课外活动的分类之一，也经常指称这种类型的性格。文化系的性格与之相反。这里指体能性社团性格中的学艺性类别）。他是文案撰稿人，东大毕业。思路非常清晰，又有体能性社团那种对上下级辈分严格要求的性格。他在工作上严守上下级分寸，但对待提案却无关辈分。会上不管是新人还是前辈，谁有趣就会采用谁的。

我的第一项工作是撰写报纸广告的文案。某商品的抽屉只比之前的旧款大了 7 厘米，这则新闻广告就是为了传递这 7 厘米的升级信息。我们召集了 7 个人来对这 7 厘米的差异分别提案。我是新人，必须拿出许多方案。我们在这也不行，那也不好中反复讨论了三四个小时。永松前辈认为我的方案有趣。他给客户提了数个方案，其中也包括我的。客户回复要求修正，修正的内容都是些普通人根本不在意的、无关紧要的部分。我们按照客户要求，进行了可有可无的修改。之后客户又给出修正意见，我们继续给方案。4 个来回之后，终于尘埃落定。我们的工作就是这样，集中好多人花大力气去做这么无聊的、一个人就能完成的事。明明存在连牛奶都无法满足的国家，我们这些大人却还为了这么点商品差异煞费苦心。每次想起阿富汗，我的心中都会闪现这样的想法。最终，我的想法也有部分被客户采纳，这便是我广告文案的处女作。我想象中的处女作应该更为华丽，没想到竟是这么件无人注意的朴实作品。直到现在，我还对那份文案难以割舍。

"有位前辈你一定要见下。"永松前辈说着，带我去了大阪福岛高架桥下的一家酒吧。酒吧里坐着田中泰延先生和远山先生。两人都年长我 10 岁左右。我很紧张。对于我这个新人，他们没有给出任何工作上的建议，只是谈到公司的森川前辈个子很高。森川的身高在一米九以上，的确很高。

两个人一直滔滔不绝，说什么"森川是日本最高等级的技术指导（即他是日本个子最高的艺术指导的意思），应该向他去问好""森川家是马里亚纳海沟""除了那里就没有能容下他整个人的地方""森川先生进公司后公司大楼也变大了""有时他会突然蹲下，那是在躲飞机吧""第一个载人飞上太空的就是森川""稍微跳一下，脸就伸到太空去了""去东京出差是走着去的""有时他会被富士山绊倒，手压到的地方成了富士五湖""盯上那里的是西武铁道"等等。他们互不深入话题，也不插科打诨，所以一直能讲下去。过了将近一个小时，终于聊完了。接下来开始谈论长尾先生。长尾的口头禅就是"那个是我做的"。按照泰延先生和远山先生的说法，世界上大部分的东西都是长尾所做。其中长尾好像特别喜欢"埼玉市"这个市名。完全是一派无言。他们又花了一个小时谈论长尾。我根本没有机会插嘴，也不能装傻充愣，只能一直赔笑。又不是搞笑艺人，却能搞笑到这种地步，我真是进了一家了不起的公司。

到了秋天，随着新人适应期的结束，起初分量不多的工作逐渐加量。工作一桩接着一桩，为了不被工作的激流吞没溺亡，我拼命学习，甚至连产生怀疑的闲暇都没有。很多工作都无法完成，传真也不能顺利地传送出去。发传真的时候必须先按"零"。自己的企划完全通不过，我的信心丧失殆尽。

在此之前，我只要逗周围的朋友笑就可以。但广告是要让世间众人都笑的工作。不同年代的人对于"有趣"的感觉大相径庭。成长环境和所见所闻不同，形成的感性也不同。我必须先让年长我10岁的前辈认可我的企划有趣，进而让年长自己30岁的部长认同"有趣"。在公司内部顺利通关后，还必须获得客户们的同意。客户也同样存在年代和性格的差异。要同时俘获这么多人的心，大而全的金点子必不可少。不只是提出有趣的方案，而是必须取得全员对于有趣的认可和商品魅力之间的最大公约数。

◆焦躁与逃离

终于在临近第一年结束时，开了个广播广告的培训，由创意总监石井达矢先生负责指导。石井先生是活脱脱的传奇人物，凭借广告标语"老公乖乖赚钱不在家最好"荣获流行语大奖。蓓福（PIP）[①]的 Dadan 营养饮品是我儿时最喜欢的广告。石井先生是我最崇拜的广告创意人。在石井先生的指导下，我尝试制作了一则广播广告。我提交给石井先生的企划几乎都被一句"不有趣"驳回。我不知道问题出在哪里。收到最崇拜人士的这般评价，我沮丧至极。这次培训的目的并不是制作有趣的作品，而是让我们意识到"自己不有趣"。正如培训目的所示，"自己不有趣"的事实明明白白地摆在眼前，让人痛苦异常，却也是宝贵经历。进入电通，被分配到创意局的我，

① 蓓福是日本知名度高、历史悠久的专业健康品牌，也是全球健康行业的倡导者和引领者之一。

自以为比别人"有趣"。那份自负如沙丘般崩塌，成为沙粒。我不是一个有趣的人，所以必须变得有趣，必须从零开始重筑沙丘。那场培训之后，我开始奋起，为了让我这样一个无趣的人能够制作出有趣的作品。

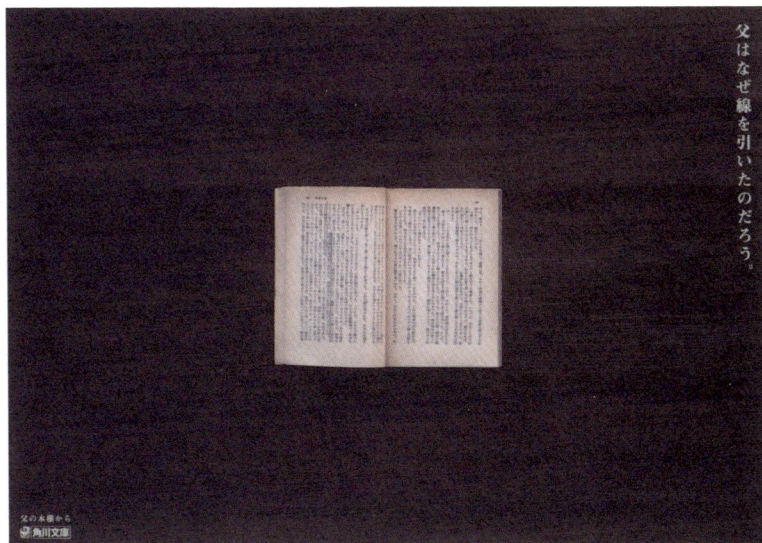

第一年冬天，我报名参加了朝日新闻主办的广告公开征集赛——凡是新人都会去挑战的"朝日广告奖"。我从几个主题中选取角川文库来做广告，把从父亲书架上取书阅读时的回忆做成了一张海报。我完全没有注意过别人的想法，顾自忘我地全身心投入，最后居然入选了。我没想到自己能得奖，新人得奖实属罕见。我有了些许自信，或许我也能得到前辈、上司等周围人的认可，继续朝着文案撰稿人的道路走下去。不过，获奖并没有让我的日常工作有所改变，我仍然每天像跟屁虫一样，紧跟永松前辈。

进入公司第二年，永松前辈的职务发生了变动。相当于我还未经过飞行训练，就从鸟巢里掉出来，被迫自食其力。公司分配给我的工作，大都是谁都能做的在现场跟踪观光推广影片拍摄和制作全是文字的传单型海报，每天都在调整海报文字大小和制作报价中结束，几乎不能做什么有创意的工作。这么下去可不行，于是在第二年快结束时，我再次报名参加了"朝日广告奖"，竟又得奖了。连续两年得奖相当罕见，更何况是用自己拍的照片得奖。

但是，工作仍然毫无变化，照样只是制作传单一样的海报。就算我想用创意来做跳跃，跳不了几厘米就"咚"地撞到头，感觉有人让我在天花板低矮的狭小房间里尽情玩耍一般。

工作第三年，我开始堕落。习惯了工作的我，清楚哪里可以偷懒。工作这档子事做得差不多就好，反正也不能做有趣的事，我对工作的态度变得冷漠。

我遁入摄影的世界，想用摄影来排解无法创作有趣事物的急不可耐。年假、长假、短假、暑假，一有空我就出门旅游，希望好好利用带薪假出去拍照。我去了秘鲁、越南、泰国、老挝、也门、缅甸、墨西哥、危地马拉，挂着相机在镇上到处溜达。我仿佛置身天堂，但也只是10天的天堂。在日本是拍不出那样的照片的。

与我同时期进公司、一开始就不逃避、专心做广告的同事，每天都乐在其中。他们的成长也很顺利。我因为偷懒进步缓慢。我甚至没劲上班，总想着辞职。我不觉得自己能做出什么有趣的东西来，认为自己很无趣。我把这样的结果小部分归结于自身，大部分归结于环境。"到了30岁就辞职"，我还把这话传到了同期的同事那里。长此以往，我就会变成无趣之人了。于是我周末去上摄影专科学校，但去了几次就中途放弃了。我迷惘彷徨，我的人生主角不是我。谁都不是主角。

◆何谓真正的创意?

公司里有位叫良治的前辈,跟我关系很好,我们之间说话都不用敬语。良治是 DJ(唱片骑师)。他知道我喜欢音乐,有一天他说,"你也来吧",邀请我参加他负责 DJ 的活动。之前我去过夜总会几次,因为太过时髦,且无品位,更不知道在那里该怎么行动,所以畏怯没能尽兴。这次是交情甚笃的前辈演出,所以我就去了。会场位于大阪南边稍偏远的千日前味圆大楼地下室,那是 20 世纪 50 年代建造的娱乐设施。大楼本身散发着不同寻常的光芒。南方的天空被照得透亮,最大的原因可能就是这大楼艳丽的招牌,红棕色外墙上带圆圈的招牌。一楼是大型歌舞厅,楼上有宴会厅、桑拿室和旅馆。人类的三大欲求都可以在这座大楼里获得满足。吸收人类过多欲望的建筑里透着瘴毒。

这栋大楼的地下室就是会场。昏暗地板的角落和天花板上,黏附着不知名行星的珊瑚状装饰。墙面放映着绚烂多彩、奇妙无比梦幻般的电影画面。音乐咚咚作响。晃悠悠跳着舞的,是脱离社会、穿着肮脏、眼睛澄澈的年轻人。他们几乎都是同一个时代的。没有服务生,也没有以搭讪为目的的轻浮小混混。播放的音乐也精彩至极。音乐在浩室①、电子、爵士、灵乐、世界音乐、摇滚乐等类型间纵横来回。所有人都是纯粹享受音乐,为了享受音乐聚在这里。不用在意周围人的目光,随心所欲地自由舞动。下了班的女招待阿姨、出租车司机阿伯也在跳。因为不限制二次入场,到黎明时分,大家都把便利店买的饮料随意带进场。我从没来过这种夜总会,就像是

---

① 浩室音乐(House music),是一种电子音乐类型。浩室即其英文名称 House 的音译。

低配版的天堂一样。夜总会是一个奇怪的亚洲城市名，与这夜总会
的调调非常匹配。

　　良治从一开始就参与这个场地的打造。他与DJ、VJ以及喜欢音
乐的伙伴们借助自己的力量将味圆大楼地下室中的闲置空间改造成了
夜总会。他们没花一分钱，而是利用废弃材料制作别处找不到的装饰
物，打造出能专注音乐的空间环境。这里的空间和音乐皆与以往的夜
总会不同，主题名叫"Folwer of Life"。因为这里是他们为自己打造
的夜总会，不会举办外部其他活动，所以，他们会为了一个月后举办
的活动，精心筹备上一个月。我经常前去观赏花费一个月才开出的"花
朵"，去跳舞。那是五彩斑斓、自由而平等的"花朵"。

　　在这里，拘泥年龄、性别、收入、职业、背景等会俗不可耐，
使用敬语不合时宜，封闭内心也很俗气。无论是谁都能马上敞开心扉，
亲密无间。就算无法做到融洽，也会尝试融洽。看人生积极的那一面。
这是生命之花。我在这里得到的收获，在日后发挥了极大的作用。

　　组织发起者是VJ BetaLand，由Colo和HiraLion组成。总能设
计出精彩广告宣传单的小一、在环球旅行中生活的小夏……他们这
些和我同时代的人在大阪的中心打造如此有创意的环境，拥有属于
自己的空间，我为之震撼，又羡慕无比。我只是进了一家大企业，
却什么成绩也没做出来。创意局不过是虚名而已。我制作无人在意
的作品，一年一次的有趣工作也因为逞能毫无成果。我一事无成。

　　对于广告，我慢慢地不再动心。就算看着获奖作品、引起社会
热议等各种作品，也没有丝毫感动。广告之外，有趣的事物数不胜数。
即便制作出有趣的广告又如何？即便将创意发挥到极致，广告的终
极目的仍是提升企业的销售业绩和煽动消费。制作本身就是为了消
费。有些国家连牛奶都得不到满足，我却在为煽动可有可无的消费

而创作。旅行后萌生的疑问逐年增大。

或许上司也不忍直视这样一个无出头之日的我，便问我要不要去东京。虽然我并没有特别希望调去东京，但这也算是个转换心情的机会。于是，我离开待了6年的关西分公司，带着女朋友去了东京。

◆ 又见东京

时隔6年，我重新住回了东京，回到曾惨败到趴下的地方。但我已不再是当时的那个我了。我已经习惯了职场人的生活，也能准确地用日语表达。因为工作关系我曾来东京多次，连惠比寿和广尾比邻一事也知道得一清二楚。我的新住所在五反田，比起新人时居住的调布离公司更近。而且女朋友也和我住在一起。这次一定能峰回路转。

我被分配到东京佐藤义浩先生的团队，那是第三创意指导局的明星团队。除了为首的义浩先生，还有篠原先生和东畑先生。我在大阪时就知道他们，都是些佳作辈出的人才。虽然我的实力与那个团队并不匹配，但还是被当作"大阪来客"分配到了那里。前辈们的背影甚是高大，我深深感觉到自己的渺小。不过，这是个机会。我决定暂时将自己对广告的疑问封存起来。不管目的何在，我都要做出优秀的作品。我要专注于此。

从名古屋调到大阪、在大阪干得热火朝天的中尾送我出大阪时，曾对我说："听好了，日下君。不良少年转学和创意人调职，一开始的表现最为关键。一开始就要竭尽全力。"第一记重拳挥到哪里？这关系到我今后几年的命运。我最先接到的一项任务是狮王的广播广告。对方要求能做出够得上获奖资格的作品。真是求之不得。我倾尽全力、没日没夜地持续做企划，终于做了一份名为"世界不洁

遗产"的广告。我一边想着广告词一边笑个不停，周围人对它的评
价也很不错。

狮王 LOOK 清洁喷雾　玄关·鞋用
"山田家的玄关"篇　120 秒

♪ ~ 波澜壮阔的交响乐

NA ）
今天的世界不洁遗产将为您奉上"山田家的玄关"。

山田家的玄关是细菌的乐园。
常在外跑业务先生的闷潮皮鞋，
与足球部成员长子满是泥泞的钉鞋并排着,画出美丽的弧线。

玄关西边的鞋柜。在木结构建筑物的内侧，
山田家颇具历史的鞋子们静静沉睡。

打开鞋柜柜门，那里是，那里是异次元。
混杂着橡胶味和脚臭的远古气味弥漫家中。

那些恶臭也许在向我们这些现代人传递着玄关满是细菌
的讯息。

山田家的玄关这种稀缺的藏污纳垢之处
被认定为是 2007 年的世界不洁遗产。

狮王为了悄无声息地铲除这世界的不洁遗产，
特为您奉上"LOOK 清洁喷雾　玄关·鞋用"

有一次，我正懒洋洋地坐在位子上工作，义浩先生跟我说："日下，恭喜喽。"我不解地回答道："嗯，怎么回事？""你还不知道吗？那算了。"义浩先生没有具体说明缘由。没多久，就有陌生号码打进来，对方是位有名的创意人。"哟，是日下吗？你啊，入选 TCC 最佳新人奖了哦，恭喜恭喜。"什么什么，我简直无法相信。既然消息出自 TCC 评审员之口，那应该是准确无误的了。义浩先生说的是这件事吗？我问："您刚才说的恭喜是指最高新人奖吗？""嗯，是啊。"两个不同渠道来的同一消息，应该可以肯定了。一阵惊喜涌上心头。

TCC 是东京文案俱乐部（Tokyo Copywriters Club）的缩写。TCC 新人奖是所有文案人努力争取的奖项。获得这个奖项才表示终于获得认可，变成独当一面的文案撰稿人了。这个奖项类似撰稿人的执照。工作第 7 年终于得奖，而且还是最高新人奖，就像在文案撰稿人的东方 M-1 漫才大赛 ① 中胜出一样。我幸福至极，甚至可以拿获奖当菜，连吃 3 天白米饭。

虽然得了奖，但工作还是一成不变。我已经习惯了得奖也毫无变化的生活。我认为自己得奖是歪打正着，恰好遇上自己特别擅长的球路，双眼一闭，全力挥棒，结果就击出了全垒打。但球路只要稍有不同，就会全部打空。我还不具备与最高新人奖相匹配的撰稿人实力，必须精练技术。可新人奖成了我的精神稳定剂，因为得奖，人就能放松。一直以来，我太希望得奖，希望别人能认可我是个有趣的人，希望自己能认可自己是个有趣的人，所以总是急于求成，

---

① 东方 M-1 漫才大赛是于 2001 年至 2010 年由岛田绅助企划，吉本兴业主办的日本漫才比赛，通称"M1"。

对待工作全力以赴，反而用力过猛，不能把过来的球顺利地打回去。我为了勉强把作品变得有趣，逆流而上。但获奖让我感觉轻松，可以自然而然地顺势而为了。

得奖还因为遇上了好前辈。首先是上司义浩先生。义浩先生总是和蔼可亲，但看企划案时会突然变得严肃。"嗯……"既不说好也不说坏的时候，就是企划做得不佳。他只会在他觉得好的时候说："哟，做得不错。"虽然他非常严格，但获得他的称赞时特别开心。义浩先生曾说："怎么能自己掐住自己的脖子。广告可以更轻松地去思考嘛。"这话可以给我僵化的头脑松绑。

坐我隔壁和对面的篠原先生和东畑先生对我的影响也很大。他们两人都极其优秀，时常创作有趣的作品。跟着前辈工作，定能有好的发展，所以我拜托他们："让我也加入吧。"可总是遭到拒绝。他们拒绝我最大的理由可能是，我是个不老老实实听前辈意见的麻烦后辈。直到现在才明白，前辈们也是在一线奋斗，没有多余的精力照顾后辈。他们也是为了创作出优秀的作品拼命挣扎。我从他们的背影中读到"现在不是倚靠前辈的时候，自己想办法去做"。那些人在工作上如此努力，而我又能做到什么程度呢？即便到了现在，他们两人依然是我的目标之一。篠原和东畑两位前辈现在也是广告界中颇具代表性的广告策划人。

还有一位是大我5岁的并河前辈。他这个人比较特别，总喜欢把"爱"挂在嘴边。什么对客户的爱啦，对商品的爱啦，对社会的爱啦，对世界的爱啦，对工作人员的爱啦，对自己的爱啦，他对所有的一切都充满爱。刚开始的时候觉得他有点恶心，后来发现他说爱是认真的。他的博爱超乎常人，甚至我也被他所爱。

在一次向某企业的提案中，并河前辈不做企划书，只带了一本素描本。素描本的第一页写了个大大的"爱"字，他静静地喃喃自语："爱。"翻页。下一页上写着"爆发"，他大声喊："爆发。"翻页，什么也没写。再翻一页，还是什么也没写。直到最后一页都是空白。或许那是爆发后的余韵吧。面对地下艺术朗诵诗般的提案，客户没有厌弃，一直微笑着倾听。在这样的提案之后，必须由我对广告提案进行说明，真是有点难办呐。

并河前辈现在是公益项目的顶尖人物，每天都在策划运用广告的力量让世界和社会变得美好。他的博爱已经拓展到爱全人类了。从他身上我学到了，只要有爱，用广告做什么都可以。他给我的送别礼物中有一本当天提案的白纸素描本，至今我都舍不得扔。

融入了东京的生活，工作也很顺利，但被我封存的对广告的疑问却涌上心头。我的疑问是："广告有趣吗？"正是因为身处广告的中心地带，才能更冷静地看待广告。获得 TCC 最高新人奖的确令人开心，不过谁也不知道这个奖项。除了广告界内部人士以外，无人知晓。我就像是井底之蛙，知道了大海的存在：广告业的奖项太多，所以得了奖，就容易误以为自己是个优秀的创意人了，但其实，普通人对于业内的广告奖项一无所知。如果只是创作一些在广告业内受追捧的作品，并没有什么意义。创作广告时，往往会过于依赖经费和艺人，而且一般是团队合力创作一支广告。如果广告创意人不依靠任何东西，仅凭个人的力量能做出优秀的作品吗？站在所有条件相同的舞台上竞争时，广告创意人可以奋战到什么程度？能胜过电视、电影、艺术、文学等其他领域的创意人吗？倘若广告制作人跳出业界，被迫与周围人在同一平台上比拼表现，那么即便是广告界的业内名人或许也会落败吧。如果自己不去追求有趣的表现，头脑就会越来越腐朽。我被这种危机感鞭策着。

　　我想不受任何人的干涉，靠自己的双手来创作，做出能让自己认同的作品。我开始写博客，养成每天写作的习惯。摄影也是一样，我觉得只在旅行的时候拍照不好，于是为了养成每天拍照的习惯，我开始在日常生活中拍摄。两者合而为一，开始了摄影博客。起初，用的是"Photoday"这样无所谓的标题，因为比起让别人看，我更注重磨炼自己的技术。就这样，我每天为在意的风景照片配文。拍着拍着，发现自己都是在拍睡在公园和电车里的人、醉鬼、怪异人物之类的，于是就把标题改为"一窥回镜"后，继续撰写。

　　最高新人奖的效果，加上笔耕不辍提升了我的撰文能力和文章表现力，使我在工作上逐渐有了稳定的成果。一些有趣的工作开始慢慢找上我，我也从中一点点地做出好的作品来。公司里的知名前辈来找我，邀请我加入他们的团队。那些如雷贯耳的 TCC 传奇广告人也记住了我的名字，给了我一些令人艳羡的工作机会。工作的感觉颇佳，迎来了广告业的顺风。我正站在通往明星创意人的入口。

第三章　生命停滞

◆停止

不知是因为工作繁忙，还是上了年纪，我每天都过着疲劳无法消除的日子。我总是感觉身子发沉。开始以为是抽烟的缘故，于是拼命把烟戒了，但疲惫感丝毫未减。紧接着，身体逐渐水肿，像坐了很长时间的飞机，每到傍晚脚就肿胀起来，后来连大腿也开始水肿。再过一些时候，脸也开始肿了。晨起的时候特别明显，脸肿到皮肤绷紧，一站起来又恢复正常。到了最后，早上一起来，整张脸肿到睁不开眼。脸部肌肉像快胀裂了一样，皮肤针刺般地疼。情形过于严重。是淋巴循环出了问题吗？我尝试按摩，想用面部按摩的方式消肿。虽然按摩的时候感觉松爽，可按摩过后又立刻恢复原状。我想会不会是因为体内积蓄了毒素，于是喝了很多三得利的体内均衡饮料（Dakara）排毒，但依旧毫无起色。

有天早上，我一觉醒来，发现脸肿得像赛后的拳击手。呼吸困难，甚至无法起身。这实在不对劲，我只好去趟医院。原本徒步5分钟的距离，竟然要搭出租车。护士让我稍等片刻，我却连坐着都难受，于是在候诊室的沙发上躺下。医生叫到我，我害怕听到诊断结果。面对忐忑不安的我，医生一脸轻松地开口说道：

"你得的是一种叫肾病综合征（nephrose syndrome）的肾脏

疾病。"

肾病综合征，我好像在哪里听过这个名字。

"必须住院两个月。"医生抛出这句话。我还以为三四天就可以痊愈，没想到这种程度的症状得住院两个月。我没搞清楚状况，变得呆滞起来。两周后的提案比赛能过得去吗？不，那样的话一周左右应该可以出院了吧。看着颇受打击的我，医生也不忍心了，他温柔地说道："这里做不了检查，你还是去别的大医院吧。我会帮你写介绍信的。"

我实在太过难受，横躺在大厅沙发上，等待结算医药费和医生开具的介绍信。肾病综合征，肾病综合征，我好像在哪里听过。唾液中的成分叫"淀粉酶"。这么说起来，我曾有个得这种病的朋友。当时他吃了太多的猪骨拉面，致使下身的"蛋蛋"肿得过大，大伙一起用推车将他从宿舍送去医院。我也经常吃猪骨拉面，不过"蛋蛋"却平安无事。

我拿到了介绍信。首先得去大医院检查。不过当天的检查已经约满，要几天后才能轮到。在此之前要做好住院准备。为了检查要住院一周。如果检查正常就可以直接出院，如果被诊断为肾病综合征就要住院两个月。我被告知住院的可能性很大。

住院检查前，我都待在家中。症状一点也没有好转，连起身都很困难。不过一直躺着，脸又肿胀得厉害，我感觉全身的皮肤都在膨胀。应该真的是肾病综合征吧。我在身心难安中等待了数日。因为我无法动弹，所以住院准备基本上都是由怀孕3个月的妻子帮忙。

等了又等的住院日终于来临。我心想着只要住院，就能解决所有的痛苦。办完住院手续后，我进到病房，躺在指定的病床上。随即医生叫到我，住院不到1个小时检查就开始了。我做的检查叫肾活体组织检查（renal biopsy），就是通过背部穿刺的方法，获取一些肾脏活体组织。一位年轻的医生用大订书机似的东西对准我的腰部，握了一下手柄。啪嚓一声响，针就扑哧一下刺入了肾脏。因为麻醉的作用，我并未感觉疼痛。针刺入三四回后，肾活检结束了，真是一眨眼的工夫。活体组织采集完成后，为了抑制肾脏出血，必须仰面平躺24小时，其间绝对不可以翻身。

起初只是平躺还没什么问题。但过了12个小时后，我的腰越来越沉，还逐渐出现了钝痛。侧身纵然可以减轻腰部压力，变得舒服点，可我却不能那样做。疼痛持续了好一段时间，本来睡着就好，可我却疼得睡不着。实在疼得不行，我问医生要了止痛片。疼痛消退，腰也轻松不少，我立刻陷入了沉睡。

止痛片的药力一过，我就醒了。房间里黑漆漆的，不知几时。我拿起枕边的照相机，拍下了漆黑的病房天花板。闪光灯咔嚓一闪，完了，有人被我吵醒了。我瞧了眼拍下来的影像，拍摄时间是凌晨2点16分。我还有7个小时不能翻身。腰好沉，沉得像在肌肉和背骨间放置了铁板。有时，又像铁锤敲打在铁板上那般疼痛。我万万没想到，不能翻身竟是这种结果。好痛苦，已经到了我的忍耐极限。我摸索到枕边，按下呼唤铃。黑暗中，出现了如光藓般泛着蓝白光芒的护士。

"请给我止痛片。"

"你刚刚已经吃过了吧，得隔段时间才行。如果是安眠药我倒是可以给你。"

"那就给我安眠药吧。"

我随即服下安眠药。睡意悄无声息地袭来。睡意驱赶着腰部的疼痛，妄图取而代之。不错，我刚感觉痛楚渐消，它却突然去而复返。

意识到这一点，睡意再次驱赶了疼痛，但很快，疼痛再度现身。疼痛与睡意间的拉锯赛持续良久，最终睡意成功驱逐疼痛，我睡着了。

"叩叩叩叩叩叩，叩叩叩叩叩叩。"

我听到了地震般的轰响。醒了，但依然想睡。睡意啊，请别走，我死命赖着睡意，妄图继续睡觉。身体没有察觉到声音。我大口吐气，吸气，又进入了睡眠状态。没问题的，这样就能忽略掉声音。

"啾，叩叩叩叩叩叩，啾，叩叩叩叩叩叩。"

声音的节奏变了。我对"啾"这个音比较在意。本想随它去，但"啾"这个音还是让人介意。不行了，睡意不知跑去了哪里。我被吵醒了。原来声音来自隔壁床男子的鼾声。鼻孔里塞满痰状鼻涕了吗？再没有比这更令人不悦的鼾声了。疼痛再度出现。我拍下天花板的照片，拍摄时间是凌晨 3 点 32 分，距离刚才不过 1 个小时。怒意蹭蹭蹭地涌上心头，我得想法子阻止他打鼾，于是尝试大声咳嗽。鼾声依旧不止。我试着拉动隔开邻床和我病床之间的帘子，发出刷刷的声响，可鼾声依旧没停。我拿起呼唤铃，想让护士来帮忙制止鼾声。可我却像按下最终武器核弹的按钮一样犹豫不决。既然主动进攻不通，那就只能防守了。我扯下枕边的面巾纸，揉成一团后塞入耳中。鼾声变小了，也没那么令人在意了。然而，分散在鼾声和疼痛上的注意力，都集中到了疼痛上。腰间开始一阵阵跳痛，脉搏每跳一次疼痛就随之而来。对抗疼痛的唯一手段，就只有睡意了。我按下呼唤铃，刚才那位护士出现在我面前。"能再给我点止痛片吗？"我拜托道。或许是因为间隔的时间到了，她说了句："真拿你没办法！"我轻轻松松拿到了药，立刻服下，等着药效发挥作用。不思考些什么，疼痛就会马上占据我的大脑。我决定数羊。闭上眼，却疼得连在脑中浮现羊影像的力气都没有。于是睁开眼，数数单调天花板上的单一花纹。1、2、3、4……药力逐渐起效。腰间开始隐隐发热，热度让遏制疼痛的河堤融化，乃至决堤。疼痛以迅猛之势蔓延，流遍全身，变轻，变薄。腰部一处的剧痛，温柔地麻痹着整个身体。睡意渐浓，无论是疼痛还是鼾声，都越来越小。后来，我又睡着了。

"咻～呼，呼叩叩叩叩叩，咻～呼，呼叩叩叩叩叩。"

过了一阵子，我又被鼾声吵醒。我想依附睡意，睡意却将我甩开，潇洒地不知去向。拍照，时间是凌晨5点46分。距离可以翻身还有两个多小时。我的腰已经到达未知领域，连地球重力都成了疼痛的原因。腰好像穿透床垫直接触到了地面。尖锐的钝痛犹如响个不停的警铃般没完没了。已经达到我的忍耐极限，翻身吧。还有两小时，应该没关系了吧。我都努力到这份上了。

我慢慢地将身体倒向左边，可腰一动不动，肌肉已经忘记怎么让腰动起来了。我再度尝试移动，身体用力了，但还是动不了。腰部凝固了。据说，强行移动会让腰像枯枝般咔嚓折断。所以翻身时必须慎之又慎。我先把床的上半部分调高，用右手边的遥控器操作，慢慢升高床铺，升高10度左右后暂停。腰变得轻盈起来，仿佛重量减轻了一半。就算不翻身，以这样的姿势或许我还能忍上两小时。况且，翻身还有出血的风险。可翻身诱惑着我，到底翻身能给我带来多大的快乐。只是病床角度的微调，就让我的心情如此之好。我把身体倒向右侧。慢慢地、一点一点地小心挪动着我那快要断了的腰。终于，我的腰在保持同一个姿势十几个小时后，与床垫间有了空隙。所有的重量消失后，腰竟是如此轻盈。腰喜不自胜。有生以来第一次看见如此欣喜的腰。腰啊，你自由了。时针刚刚指向早晨6点半。

肾活检的结果出来了，是"微小病变型肾病综合征"，与医生的预想完全一致。就是说，我必须住院至少两个月。原以为只要住院检查，一周后就能出院，可结果却沉重无比。比起自己得病的事实，工作出现空窗期给我的打击更大。马上就要提案比赛了，而且手头还有其他两件正在推进的工作。我会给同事添麻烦的。更重要的是，两个月的空窗期影响巨大。就算出院后马上回到职场工作，想要跟上原先的进度需要的时间更多。正是因为去年的业绩辉煌，好工作都开始运作，所以很难几个月置之不理。获得新人奖后患病的投手就是这种心态吗？而且，我还会让妻子担心。今后她为了探视我，会每天出入医院吧。妻子怀孕，情况尚未稳定，正是敏感时期，我这一病会给妻子的身心造成沉重负担。若是她腹中的孩子有个三长两短该怎么办呢？我坐立不安。

"肾病综合征"是肾脏上的毛病。肾脏是过滤血液排出废物的器官。肾脏里的滤网出现异常，滤网网格增大，令平时无法通过的蛋白质滤过，造成尿液中出现大量的蛋白质，而血液中的蛋白质反而减少。结果，血液中的渗透压发生变化，水分从血管渗到组织里引起水肿。得病原因无法确定，可能的原因各种各样，包括压力、饮食、过敏、药物、虫蛰等等，但无法确定具体是哪个。我试着回想自己的生活细节，希望找出其中的线索。每周吃3次猪骨拉面，就着明太子饭一起吃。有些日子一天喝5罐红牛。新婚蜜月去了伊索比亚，被跳蚤和臭虫叮咬，痒了两个月。学生时代在西伯利亚的森林中，凡是露出皮肤的地方都叮满了蚊子，脸肿到不成人样。但还是无法确定病因。

病情持续恶化。水肿已波及内脏，相当严重。若是再不医治，肺部也会积水，呼吸困难，性命攸关。腹部始终胀胀的，下垂，吃什么都想吐。最开始的 3 天，连在床上躺着都要竭尽全力。靠着点滴和没什么味道的白粥勉强维持。水分的摄入一天不得超过 1 升。因为这病排尿不易，水分摄取越多就肿得越厉害。两塑料瓶的水，稍不留神就会一下喝光，于是只能把水含在嘴里，在口中转圈，再花大量的时间咽下去。

治疗方法只有服药和控盐食疗法两种，好像没有做手术或吃药立刻痊愈的方法。通过打点滴输入填补流失蛋白质的药物和利尿剂，使尿意频频，借此消除身体水肿。我之前用三得利体内均衡饮料排毒，大致的方向没错。一注入利尿剂，膀胱就会变热，尿意就变得频繁。一边打着点滴，一边突然有了尿意，所以只能打着点滴往厕所里冲。情急之下走动容易扯掉点滴，所以就算尿意急切，也需要高超的技术小心控制好输液架。利尿剂的效果立竿见影，排出的尿量多得惊人。我在一周之内骤减 20 斤，减下来的都是累蓄在体内的水分。

我的病情渐趋稳定，但并不是排完水就好。医生告诉我，接下来的几年我都必须坚持服药，控盐饮食也要再持续一段时间。这个病的复发率高达 50%，若不遵守医嘱，则会自讨苦吃。我逐渐明白了此病的烦琐之处。现在还不是只顾考虑工作的时候，我必须专心治疗。我背上了始料不及的十字架。现在我生病了，是个十足的病号。我终于接受了事实。接下来两个月的住院生活，我该怎么度过呢？

◆ 401 号病房

水肿消除后，我过上了规律有序的医院生活。每天早上 6 点起床，测量血压、体温和体重。接着抽血，向护士汇报前一天的小便次数。

送来早餐，吃下毫无味道的早餐。吃好几种药，然后打点滴注射药物。生活自由。中午吃没有味道的中餐，洗澡，然后妻子来看我。谈论腹中的孩子，交流昨天发生的事情，等等。客人探视。到了吃晚饭时间，客人回家。吃没有味道的晚餐。妻子回家。留下我独自一人。读书，看电影，然后睡觉。

我的职业是文案撰稿人。思考广告标语、策划广告是我的工作。这种工作整天被各种策划追着跑，鲜有机会看书观影。这些年来，我只顾不断推出新点子，却没再吸收东西，有种脑子不断遭受磨损的感觉。我打算趁着这次住院，多吸收点东西，所以一有时间就看书观影。这些滋养，像渗入干涸大地的水分，被迅速吸入我的体内。原来我的身体是渴望书籍和电影的。

病房是崭新的，干净清爽。照明用的白炽灯很是温馨。床边摆放有白茬木书架、电视机和小冰箱。床旁开着一扇大窗，独幢住宅林立的住宅区一览无余。到了傍晚，还能欣赏住宅区后的夕阳。

我住的病房是四人间，终日拉着分隔病床的帘子，一个人闷在床上。不过，同住一个房间数日，总有不得不开口说话的时候。几次交谈下来，我发现病友间的对话都是有固定套路的，只要记住它们，就能毫不费劲地自动顺畅地沟通。

"您怎么称呼？"

"您哪里不舒服？"

"您是什么时候住院的？"

"您什么时候出院？"

"饭食的味道很淡吧！"

"好想抽烟哪！"

隔壁床的中野因为糖尿病住院，比我早进来两周。他年逾半百，但年轻的嗓音和说话方式就像三十出头。他个子不高，平易近人，无论是对我这样的晚辈，还是年轻护士，都关爱有加，用礼貌的敬语说话。

"我每天享受美食，喝酒抽烟，结果就成这样了。我是土生土长的北海道人，或许从小吃了太多的鲑鱼卵、鲑鱼和干贝也是得病的原因之一！"

他坦然接受，仿佛得糖尿病是他避无可避的命运一样，我没有从中感受到一丝悲壮。

斜对床的山上，得的也是糖尿病。年纪不超过 65 岁。他的脸颊红润，气色好到让人怀疑他是否真的生病。长着两根如调味紫菜般的眉毛，一笑就漏风的牙，还有一口浓重的栃木口音，挺像志村健演过的一个角色，有着鲜明的个性。"你今天也好可爱呦！"他总是这样跟护士打趣。他性格开朗，总是滔滔不绝，是病房里的开心果。他人很好，但有个缺点，喜欢时不时地向我灌输他的人生观。

"多笑笑，病就好啦。"

"人生要笑着过才好哦。"

"啊，我啊，度过了最棒的人生。"

"以前，我曾和超像那个护士的女人好过。"

虽然他全无恶意，但过分强调自己的存在感令人厌烦。

对面病床的桥本，是个头发花白、65 岁上下的老头。他住院是因为心脏问题。他总是退让，端着微笑听大家说话。也可以说是保持距离。或许他算是这间病房里最正经的人了吧。

除了桥本以外，其他人的肾脏都不好。所以，都要控制饮食中的盐分摄取。萝卜干、炸豆腐、炖鱼等菜肴，都要很清淡，不，应该说是没味道。每天都像在吃素。

"不对，清淡其实挺好的。"

听到山上这样劝慰自己，中野回话道："因为之前吃的美食太多啦。"两人互相把吃往积极的方面理解。我有时也会和他们一唱一和，但桥本从不掺合，只是默默吃着他不同于我们的餐食。

"我还是想吃拉面哪！"山上像山狗长嚎般仰望着天花板说道。

"但是，一碗拉面相当于我们 3 天的盐分哪。"中野冷静地搭腔道。

"说的是，不能吃的吧。不过武藏小山有家超级好吃的拉面馆。那里的叉烧好吃得不得了，啊，真想吃哪。"山上望向远方。

"蒲田也有哦，很好吃的店。有昔日中华荞麦味道的酱油拉面。"

"说起来，大井町也有家很好吃的店。就是简简单单的拉面。那里的炒饭也好吃得很呢。"我也无法继续沉默，立刻加入了他们的聊天。

"品川有家好吃的蘸汁面馆呢。是浓浓的鲣鱼汤底，吃光面条后，在剩下的汤汁里放入烧热的石头，最后吸干温热的汤汁，才叫那个回味哪。"

"蘸汁面也是不错的呀。"

"啊，真想吃碗拉面哪。"

我们 3 个人同时悲哀地仰望着天花板谈论道。当天晚上，我梦见自己躺在天下一品的浓醇汤汁里泡澡。

每到下午，中野和山上就会换衣服外出。我羡慕他们可以进出医院。因为药物的副作用，我的免疫力下降，易患感冒等各种疾病，所以医院不允许我外出。我想抽烟，但医院里是完全禁烟的。想去外面也出不去。什么都干不了。

傍晚时分，中野回来了。"你每次都是去哪里啊？"我问。

"做肾脏透析。能做的医院不少，我去的那家就在医院附近。还有就是去找下房子。我要离婚了，得找个住的地方。"

如此沉重的话题，却被中野与肾脏透析放在一块，说得那么轻描淡写。

"不是啦，其实我们早就在谈离婚了，只是女儿要考试，怕给她造成不良影响，所以就拖着。然后呢，上个月女儿考上了，所以我们就商量着要不要分开。"

"但是您这不是病了吗？"

"这跟那事没关系。我们已经没什么感情了。也就是熟年离婚①啦，熟年离婚。"

"哦，这样啊。"

我只能佯装糊涂似的回答。我实在想不出怎么回答才比较贴切。这完全超出了我可以处理的范畴，从我的人生经历中找不到答案。山上也回到了病房。他穿着陈旧的皮外套和休闲裤，头上还戴着顶针织帽。

"我也去做肾脏透析了。然后，回来的路上没熬住，去了中野先生说的那家蒲田拉面馆。啊呀，实在太好吃了，酱油汤底真是好吃得不得了。"

我从山上身上，嗅到了烟草和咖啡杂糅在一起的炭烧般的味道。他真的想把病治好吗？

有一天，桥本的病床周围聚集了好多人。除了每天来探望他的妻子之外，还有儿子、女儿及两个孙子。孙子们很是喧闹，大人们

---

① 熟年离婚是指50岁以上的在熟年（45~64岁）范围内的夫妻由于种种原因而离婚的现象。他们拥有自主消费的能力，勇于追求新鲜时尚，但又面临工作、退休、身体健康、家庭婚姻、性生活等问题或危机。

则一副无所事事的样子。大概今天桥本要做心脏手术，大家都很担心，但大家也在留意不让自己的过分担心影响到桥本本人。最坦荡的当属桥本本人。身边的人很担心，有时还夹杂着同情，但桥本自己却不如此。生病的人先会想东想西地焦虑不安，有时心情还会跌入谷底。等到跌到谷底，就会明白再担心害怕也无济于事，于是重新振作，自己就想通了。病人都平静得出奇，反倒是周围的人因了解不多而更加担心。

桥本的家人因要听医生说明离开了病房。我对着独自留在病房的桥本说：

"是要动手术了吧！"

"是啊。"

"真不容易啊！"

"应该没事的，虽然我会搬离这间病房，但还会住在这家医院，请多关照！"

做完手术后，桥本必须住单人病房。

"等到心脏出了问题再戒烟就晚了。你也要注意啊。"

桥本在家人和病友的目送下，进了手术室。病床空出来一张，当天没有其他病人进来。干净的床铺无人入住，寂寥无比。虽说桥本平日里沉默寡言，但一旦离开还是影响很大的，就像少了一块拼图。

桥本的病床上来了个新病人。年龄在 55 到 60 岁之间。在他可爱的垂眼下带着深深的黑眼圈，大腹便便，像只年迈的狸猫。"我叫高见，请多多关照！"他很快就向远比他年轻的我有礼貌地问好。这让我心情大好。虽然他的年纪比我大，可在这间病房的资历不如我。高见深谙医院的规矩。"高见先生您哪里不舒服？"我根据医院对话集，问出了固定句式。

"我的心脏不好。你是哪里不舒服呢？肾脏？啊呀，好像要待很久呢。接下来的这段日子要你多关照了。"一眨眼工夫高见就不用敬语了。他顺势也与中野、山上问了好。可能是经常住院的缘故，他问起好来轻车熟路。对待这两个人，高见也立刻收起了敬语。不过，许是不喜欢他这过于亲近的态度，山上阴着一张脸。山上也很善于跟人套近乎。我本以为同是精于此道之人，会摒弃不必要的顾虑和客套，十分融洽地立刻开诚布公地交谈，可事实并非如此。

自从高见来了以后，整个病房的氛围就变了。之前，只是喋喋不休地说着，会话就能自然而然地进行下去。即维持着山上说、中野听、我时而附和、桥本不知是否在听的平衡。而高见只要听到山上说话，就会一一反驳："那不对吧？"山上胡说八道的时候比较多，中野深谙世故，不会刻意刨底，搞坏气氛。说了反倒麻烦，通常不说什么只是听着。但高见却总是质疑，让会话无法顺畅地进行下去。他还经常带着试探的口吻，"你听哪边的？小伙子"，寻求我的赞同。我哪边都不帮，只是佯装傻子似的含糊回答。这就是我、山上、中野和桥本间奇迹式的平衡。乐团名为"401号病房"，主唱山上，吉他手中野，贝斯手桥本，鼓手日下。现在在贝斯手的空缺位置上，来了位主唱。

◆ 遗落的故事

病房里的氛围越来越不舒服，我待在病房外的时间逐渐增多。会客室里摆放着4组桌子和沙发。这块空间是专为访客探病所设，为的是不到床边也可以和病人说话。靠墙的书架上排放着报纸、杂志和住院病人留下未带走的书籍。我每次都能在那里见到两位阿婆，一位叫秋吉，另一位叫悦子。两人总是相谈甚欢。秋吉阿婆总是笑眯眯的，神采奕奕。她至今都没得过什么大病，这次是因为肠胃不好住院检查几天。她今年94岁高龄，是土生土长的品川人。我也住在品川附近，所以很想了解下昔日的品川，就问她各种问题。

"品川车站？那在大海的中央，从北品川到大森都是平坦干净的沙滩，我从前常在那里游泳哩。船回到大森港后，我会帮他们把捕来的鱼运去市场，他们每次都给我好多鱼呢。目黑川也很干净，我常去游泳哦。关东大地震的时候，我碰巧在高崎，从高崎望向东京时，已是火光一片，真是太恐怖了！"

悦子阿婆坐着轮椅。我原本以为她比秋吉阿婆年长，谁料她才84岁，比秋吉阿婆小10岁。我也问了悦子阿婆一些过去的事情。没想到，她出人意料的回答给了我一记重拳："我担心自己会杀了父亲，才去的中国。"

"我出生在浅草。当时的浅草繁华无比。我在日式酒馆里当女招待。海军是那里的常客。比起陆军，海军里也有很多了不起的人物，因为他们都反对战争。我在酒馆里工作很开心，可回家后却很痛苦。继父每天都喝得酩酊大醉，对我拳脚相加。如果继续待在那个家里，说不定哪天我会动手杀了继父。19岁那年，我独自去了中国。那个时候，凡是去中国的人都抱有一个幻想，就是那里有精彩的人生等着自己。我是拜托亲戚才去的，那里的确洋溢着活力。即便是寒冷无比的冬天，我也凭借年轻和梦想想方设法地克服了下来。我在有佣人的美丽公馆度过了两年美好的时光。没想到，之后的生活突然发生了变化。因为战争结束了。而留下的人为了回日本，拼命往撤退船起碇的釜山方向赶。一路上无比艰辛。我还曾经被骂成'臭乞丐'

踢飞出来。好不容易抵达釜山。那里有很多想回日本的人，而船期在一个月以后。我的希望暂时破灭。我在候船处的大体育馆里过了一个月，每天只是盯着天花板。我已经完全不在乎别人怎么说我了。撤退船停在了佐世保。之后，我立马回到了东京。回来时身无分文，只能工作。顾不上找对象结婚，拼命地工作。我陪过酒，做过工人，也去过超市等很多地方打工。一年只休息两天。最后工作过20年的地方是银座的麻将俱乐部。客人们彻夜不眠地打麻将，我也必须醒着。然而，到了能够领年金的年纪，我就辞职了。我抽中了东京营的房子，现在一个人生活。不过，一不工作就突然发胖，然后脚开始不舒服就住院了。像蚂蚁一样工作了几十年，却在不做工作后病倒了，老天爷可真会使坏。"

我在会客室里看了会书。换作平时，秋吉阿婆和悦子阿婆都应该来了，可她们却没有出现。我去病房窥探，结果两个人都不在。我去问护士，原来她们两人都在今早出院了。在我不知情的情况下，连道别的话都没说，两个人就不知所踪了。因为出院而离别，这无疑是件好事，只是我们这辈子再也见不着了。病床又换了新病人。我面朝院外衷心祈祷，希望幸福能降临到悦子阿婆的身上。

又过了几天，中野出院了。他自己延长了住院的时间，希望医院能让他在找到合适的住所前，多留几天。最后他终于找到了房子，出院后正式办理了离婚手续。"我还有退休金，生活总能凑合着过。今后要过几十年没过上的单身生活，还真有点期待哪。"和平时一样，他说得很干脆。他这是在努力佯装开朗，还是真这么想，我最后也没弄明白。人生不宜有太多期待，也不要过于悲观。中野找到了自己人生的折中之道。那个折中点深得显而易见。他抱着硕大的波士顿包，穿上厚厚的羽绒服，围上围巾，戴上针织帽，出了医院。对了，医院外面正是冬天。

也许是少了说话的对象，山上也前脚跟后脚似的出院了。

"出院后，我要马上吃碗拉面。你说，要去哪儿吃呢？要不去吃武藏小山的葱叉烧面？"

山上送我草莓作为送别礼物。他说过自己有亲戚在栃木县务农，所以我以为草莓的品种会是"栃乙女"，没想到竟是产自福冈县的"丰香"。"保重！出院了我们一起去吃拉面。"他一边挠着胯下一边说，随即走出了病房。

人会分阶段地步入死亡，而非立刻从健康状态直接死亡。人总是先从健康变成不健康后，再慢慢死去。人生苦短。况且，健康的时间更短。所以必须要在活着的时候有所作为。不管怎样，哪天我也会像中野那样找一条人生的折中之道，或像山上那样将错就错，继续享受他的人生。绝不只有他俩，我遇见过的长者几乎都会从中选择其一。生命短暂，我一定要做些什么。现在的工作稀里糊涂地做下去真的好吗？我要做些什么，用自己的双手扳回自己的人生。

病床马上又迎来了新的病人。这位患者的年龄大我许多，我熟练地向他说明医院的规定、厕所和冲澡等的位置。我已是这病房中的元老了。不过，新病人都只是住院检查，不消两三天又会马上出院。在六本木的咖喱餐厅工作、经常把"日本女人真简单哪"挂在嘴边的印度人辛格，也在相识不久后出院了。就算跟他们的关系再好，区区数日后也面临离别，所以我决定今后只做最低限度的交流，不再积极主动地敞开心扉了。

说起我一天的运动量，也只是在病床和食堂间往返，几乎没什么运动。不能让身体就这样荒废。既然被禁止外出，那我就在医院里散步。

　　我走去走廊，两侧都是病房。有位吊着点滴的老爷爷正在踱步。护士站在右手边。护士长正对着电脑工作，护士在给老奶奶修剪指甲。左手边是会客室，许多探访者正围着病患聊天。我试着去了其他楼层。踩着台阶上一层，走到廊下。从两侧的病房可以看到患者。有身上插着管子的老人，有头上缠着绷带、仰面躺在床上盯着空中看的半老男人。我的身旁是位右半身行动不便的老婆婆，正以非常缓慢的速度挪步。护士站里，医生和护士正飞快地说着话。而其他护士则闷声不响地对着电脑。会客室里，有家属一脸悲怆地等待某人。昏暗的会客室里摆放着仿佛能让会客室亮堂起来的热带鱼鱼缸，静寂中鱼缸的马达声分外明显。这里都是患有脑疾的病人，远比我住的楼层更接近死亡。楼层越往上，就越接近死亡吗？我又上了一层。走在廊下，看见病房里有年轻女子。和我目光对视时，流露出怀疑的眼神。一位挺着大肚子的女子从我身边经过。我明白了，这层是妇产科。我在护士站里和所有护士目光交汇。很明显，穿着睡衣到处转悠的非访客男子，并不适合出现在这里。我快步走去廊下。会客室里有好几对夫妇。有摸肚子的，有附耳贴肚子上的，有吃着丈夫买来的蛋糕的，这些令人称羡的幸福画面，被冬日里特有的、从窗外射入的柔和光线紧紧包裹着。这层是"生"的楼层。如果我也能和怀孕的妻子这样就好了，可惜我们的楼层不同。散步散累了的我返回病房，躺在病床上。

高见正沐浴着窗外西沉的夕阳余晖打电话。

"喂，是我啊。今天的检查数值不错，医生说我明天可以出院啦。"

他是在和妻子通电话吧。高见的脸上一派祥和。第二天，高见就出院了。我，成了孤零零的一个人。

平静的治疗日子又持续了一段时间。药效不错，我的水肿消退明显。住院时 85 公斤的体重，已经降到了 65 公斤。滞留体内造成水肿的水分被排掉了 10 公斤。多亏医院分量不足的健康伙食，让我减掉了因平时运动不足和过量饮食堆积的 10 公斤脂肪。体力也逐渐恢复，可以和访客聊上几个小时了。公司前辈、后辈、同期同事、与工作相关的人、学生时代的朋友都来探望我。他们不过是在正常工作，在我看来却熠熠发光。那光芒时而温暖着我，时而又太过炫目。"如果顺利，下周你有望出院。"主治医生愉快地告诉我说。他把我和妻子叫到会客室，指导我们不久出院后生活上该怎么做。控盐饮食，一天的盐分摄取量要控制在 6 克以下。一碗拉面的盐分是 18克，也就是说一碗拉面就可以耗掉我 3 天的份额。药物副作用会导致免疫力下降，容易得感冒，医生要我注意。避免激烈运动。做工作可以，但不能勉强。本来说至少要住院两个月，我一个半月就可以出院了。身体康复的速度比预想中快。

听闻可以出院，我突然对住院生活恋恋不舍起来。我能待在这家医院的日子不多了。我把时间都花在看书上真的好吗？难道就没有其他更应该做的事情了吗？我是否应该和这里的病人多说说话？因为已经再无机会认识他们了。

早上我正打点滴看书时，高见笑嘻嘻地过来打招呼："喂，你还好吗？"他是来看病，顺道来看看我。出院后呼吸了外部空气的高见浑身畅快，像是消除了什么负担，看着又清爽又幸福。我像见到战友般高兴。我们热烈地畅谈往事，甚至都有了去酒馆继续的心情。对住院生活的回忆也由恋恋不舍转变成了忧伤的暗色。虽说我们各自的症状不同，但与病魔这个共同的敌人作战、同寝共餐就能加深彼此的感情吗？可能是快要出院了，我变得有些感伤。

◆ 外面的世界

我迎来了出院的日子。前辈来探望我时，送了我些消遣的书刊，我将它们顺手送给了对面病床的大叔后，离开了病房。我去护士站道别。"不要再来了哟！"护士长笑眯眯地目送我离开。我和妻子两人拎着大包小包的行李，走出医院。外面已是春暖花开，多么美好的日子啊。时隔一月，我重新沐浴在直射的日光下。阳光照在身上，暖洋洋的。那种温暖与空调的暖风、毛毯的温暖都不一样，这么显而易见的事我竟然忘了。时隔一个月，我重新感受到了清风，不是空调吹出来的单调清风。自然界的风时冷时暖，有时扑面而来，有时背后偷袭；有时从右边拂面，有时又从左边撩人；有时转瞬即止，有时永不停歇。或强或弱，天经地义而又不理所当然。仅是能感受世界，都是幸福的。世界就在那里，我深感满足。无论多么微小的事物，都让我欣喜不已。能一直维持这种状态该有多好！

我必须回公司上班。我向上司汇报自己已平安出院，并询问何时能回公司。上司指示我先和公司的顾问医师面谈一次。这次并非上司同意就可以回公司这么简单。

我很快去了公司，与顾问医师进行了面谈。他的诊断是"暂缓回来上班，先在家静养一段时间较好"。我焦虑不安，问道："那我要在家静养到什么时候呢？"他回答："最好静养到普力多宁腔的用量达到 10 毫克为止。"普力多宁腔是我目前正在服用的类固醇药物，持续服用可以抑制病症复发。这种药的药效虽强，但有降低人体免疫力的副作用，所以我很容易感冒。我现在的服用量是 30 毫克，不算少。一个月减 5 毫克，所以减到 10 毫克还需要 4 个月。言外之意，我还要在家休养 4 个月。我虽然焦躁但也无可奈何。顾问医生让我专心在家养病，面谈就此结束。下一次面谈安排在用药量降到 10 毫克的时候。

我开始了在家静养的生活。每天的生活都很规律，早上 6 点起床，晚上 10 点睡觉。我开始吃糙米，拌纳豆时只放一半的酱，褐藻的酱汁只放 1/4。刻意保持着控盐吃素的饮食习惯。轻松的运动还是必要的，所以我每天出门散步。起初，散步的范围限于家附近，随后一点点地扩大范围。光是走去附近的便利店就令我疲惫不堪。当我走到离家 1 公里远的品川时，感觉就像在屋久岛步行 8 小时去绳文杉那么累。我的大腿肌肉疼得像骨肉分离了一般，我甚至连大腿都抬不起来。人这么容易变得如此虚弱吗？我的腿细得不成样子，身体弱得像一下子老了好多岁。我搭上了出租车。好像是为了从品川站搭出租车回家，才从家里来这儿一样。车费正好是起步价。

为了复查我赶往医院。这是我出院后的第一次复查。抽血，取尿样。我本以为这是住院时的例行公事，自己早已习惯，不想时隔这么久重新看到血液注满注射器时，还是感觉不佳。检查结果良好，身体正在顺利复原中。

复查结束后，我去了住院病房。电梯上行，到达五楼。护士站里有好几位认识的护士。"好久不见！"护士们像见到护校时代的同学般欢迎我。"不是让你别来了吗？"护士长笑着说。会客室里有位我认识的爷爷。正当我们站着闲聊几句时，某个异样之物进入了我的视线。我还看到了之前转送给对床大叔的书刊，它跟朝日、读卖等报纸一起并排放着，莫非这书也和报纸一样轮流阅览吗？

我踏入充满回忆的病房，里面已经没了我熟悉的面孔。对床的大叔也不在了。我曾经睡过的病床上已经有了他人使用的痕迹，只是现在床主不知去了哪里。我装作探访病人的访客，一边装着等人，一边沉浸于感慨之中。白色的病床、白茬木书架、小液晶电视、小冰箱，还有窗外的风景。被我视为外界象征的那棵斜长的大树，仿佛分割着医院和住宅区。我住院那会儿，它还是枯萎的，如今被染上了淡淡的粉红，原来是棵樱花树啊。

◆ 诞生

我的体力逐渐恢复。稍微外出一下也不再疲累，还慢慢能帮忙洗碗、扫地。即便是控盐饮食，我也能找到乐趣。橘子、依予柑、八朔橘、日向夏橘、濑户香、不知火、清美橘、文旦，各买一个，再各拿一瓣装在盘子里，享受柑橘全家福的滋味。

妻子的产检我每次都陪着去。妻子已怀孕 7 个月，到了可以知道孩子性别的月份。我和妻子都坚信是个男孩。没有什么理由，只是我有一种强烈的直觉，感觉应该是个男孩。附近的阿姨也说："一定是个男孩，我一看背影就知道。""我看肚子就知道，是个男孩。"路过的伯伯也这么说。我们买了些男孩子的衣服，还想了好几个男孩子的名字。

产检当天，我们怀着今天一定会知道孩子性别的紧张感，去了妇产科。妇产科的候诊室里，聚满了肚子大小不一的孕妇。小腹微隆的人，不知是还未进入稳定期，还是因为孕吐不舒服，满脸不安的神色。肚子大到一定程度的人，脸上洋溢着祥和和希望。妻子属于这类人。快要临盆的人，体重很沉，脸上流露出"差不多该生了吧"的希望之色，却也带点疲惫。肚子平平之人、来确诊是否怀孕的人，都一副坐立不安的样子。虽然气势上比不过那些肚子比自己大的众多孕妇，但我还是要向她们投以尊敬的眼神。

医生叫到妻子名字了。我也一同陪她进去。妻子仰面躺在床上，露出肚子。医生涂上耦合剂，把B超探头贴到妻子肚子上。妻子躺着，我坐在房间角落的椅子上，盯着荧幕上的超声影像确认。黑白粒子的浓淡勾勒出胎儿的形体。白色粒子的集群先放大，再变小，又放大，仿佛是在呼吸。一切进展顺利。原先还担心，自己住院会不会影响到妻儿，所幸母子一切安好。

"是男孩还是女孩？"妻子问。"嗯，没长那东西，可能是个女孩。"医生回答得很干脆。一直以为是个男孩，不想竟是个女孩。之前直觉如此强烈，结果却恰好相反，看来直觉是靠不住的。我的直觉在人生的头等大事上出现了偏差。这无异于神明在告诉我，我这等人不存在第六感。同样地，妻子也没有第六感。反正我们也不是非要男孩，所以没因为是个女孩而受打击，但是直觉不准的阴影却影响久远。

"哎呀，只要能平安生产，是男是女都无所谓。"我用最常见的台词安慰我们自己，随后回家。我开始思考女孩子的名字。

像为了产卵逆流而上的鲑鱼一样，妻子为了生孩子回到了出生的地方，即娘家所在地大阪。我因为还要去医院复查，一个人留在了东京。时隔数年又一个人生活，心头涌上一股解放感。可是，身体却跟不上解放感的节奏。一熬夜身体就会有反应，和谁去喝两杯，也会因为饮食受限让对方操心。最主要的是没钱。我过着独居老人般的生活。

早上起床，吃糙米拌味噌酱的早饭。吃药，看书。到中午，吃中饭，睡午觉，看书，洗澡，睡觉。边泡澡边看书。吃晚饭，看书，上床，看书，睡觉。当时我一直在读普鲁斯特的《追忆逝水年华》。趁着住院，我决计要把工作时没法读的书读上一读，于是将手伸进了共有 13 册的鸿篇巨制中。起初，读上几行就会犯困，慢慢习惯了之后，竟然比手机更离不开身。曾有一次在泡澡时不知不觉看到睡着，连书都沉到了浴缸底部。还有一次上厕所时看书，屈身擦拭屁股时，放在胸口的书直接落入了便盆。我还曾经在坐山手线时看书，想在车厢里边眺望窗外风景，边优雅地阅读。电车行驶两圈后，我意识到山手线太过拥挤，几乎看不到车窗，且山手线的座位又薄又硬，根本不适合长时间坐在上面。

妻子打电话来说："好像已经开始阵痛了。"比预产期早了两天。我听说头胎通常会比预产期晚。"那阵痛可能只是普通的腹痛。"我这样推测着，决定再看看情况。而且现在已是深夜 11 点，就算从家里出发，也没有去大阪的电车了，根本去不了。我待在东京的家中等候，凌晨 1 点又打了一次电话，她的肚子还是疼。半夜两点又打来电话，说肚子疼还在持续。我确信那是产前的阵痛无疑，于是我搭乘最早一班新干线去了大阪。

当某天成为孩子的出生日时，一切都有了意义。孩子出生当天的天空、孩子出生当天的大海、富士山、车票、咖啡……我用相机拍下了所有的一切。全部拍完后，我开始思考为人父亲这件事。一起去妇产科做 B 超，买婴儿用品，观察朋友如何照料孩子，询问朋友育儿和生产时的注意事项。虽然还未有初为人父的切身感受，但心神一直不定。接下来，妻子将会为难以想象的产痛而受苦吧。而我却觉得生孩子很轻松，仿佛与己无关。一旦成为父亲，将意味着什么呢？意味着失去自己的时间，休息天也要为孩子牺牲，会被哭声吵得无法安睡，必须存钱，要买人寿保险，无法一个人轻松自在地去旅行。我似乎只想到这些负面影响，并把这些心情发到了推特上。

"你能做的只有祈祷。快，都要当爸爸了，要对这个世界负责。"公司前辈田中通过推特给我回话。

心中的阴霾尽消。有了成为父亲的决心……那样的心情……也不是说没有。不管怎样，我能做的只有祈祷妻子平安顺产。

大阪的天气晴朗，万里无云，呈现出夏日里特有的湛蓝。蝉鸣在天空中央消失，是个适合出生的好天气。我乘上出租车，急匆匆地赶往医院。"我的孩子要出生了。"我把这事与出租车司机一说，他就加快了车速，还在车里与我聊起了自己孩子出生时的经历。

"我当时也在场，不过身为男人什么也做不了呢。只能安慰我老婆。少收你 40 吧。"

出租车抵达医院，才 9 点半，终于赶上了。我跑去服务台，询问妻子的病房号。我正面临人生的头等大事，但服务台的态度却十分冷淡。每天都为别人引导人生大事，就会变成这种样子吗？我跑上二楼，来到妻子所在的病房。妻子还未进产房，仍在普通病房里。她换上了粉红的睡衣，十分疲倦地躺在床上，看起来很痛苦。没等我和阔别一月的妻子慢慢聊上几句，医务人员就喋喋不休地快速说明起生产事项了。我填写了必填资料，还按了印章。我甚至都没空去细细斟酌资料内容。就算里面混入了贷款保证人的文件，我也已经盖章了。

盖完章后，我终于有时间和妻子好好说话了。在阵痛和阵痛之间，还能勉强说上几句，甚至还能开点玩笑。阵痛一来对话就被迫中断，我抚摸着妻子的腰。阵痛结束我们继续说话。几个回合之后，助产士过来和我们说："趁着还有力气，先去洗个澡比较好哦。"于是，妻子去了浴室。

"什么时候会生？"我焦急地问。"今天应该能生下来的。"助产士从容答道。

妻子洗完澡，阵痛的节奏突然加快，可能再过两小时就要生了。妻子依靠自身的力量摇摇晃晃地走进了产房。妻子的声音与她感冒发烧时一样无力，连说话都显得痛苦。我架好一台单眼相机和一台摄像机，想用静态画面和动态画面分别记录下人生的头等大事。我想日后或许妻子这痛苦的表情也会有意义，就把相机尽可能贴近妻子的脸咔嚓咔嚓地拍起照来，没想却惹来一声大喝："不要拍！""接下来是关键时刻，你还是趁现在先把饭吃完为好。"听助产士这么建议，我就想趁妻子阵痛暂未发作的 3 分钟里，把他们带给我的猪排便当吃光。可我在妻子旁边拼命吞咽食物的时候，被妻子嫌弃气味臭，让出去吃。没办法，我只能去门外灌饱肠胃。

等我回到产房的时候，在妻子眼中，我已经完全不存在了。我说了很多话，她都像听不见，我想办法缓和气氛说："我也去分娩了。我要把大便产下来。"她也不看我。我想自己必须做些什么，但那完全是白费心机。正如出租车司机说的那样，身为丈夫什么也做不了。

妻子开始发出一种我从未听过的声音，就像歌手比约克[①]的声音那样粗狂嘹亮，音量也已崩溃。她看起来十分痛苦。阵痛的频率似乎有所回落。空气中弥漫着助产士们不知所措的气息。主治医生察觉到这种犹豫，开口说道："开始'分娩'吧！"助产士们开始劈里啪啦地行动起来，组成"分娩"队形。我被暂时请了出去，在走廊的沙发上坐立不安，那光景在电视剧里十分常见。我没想到自己会这样，根本冷静不下来，只能摆弄手机。

大约 5 分钟后，我被叫进病房，好像突然被带到了子弹纷飞的战场。妻子撕心裂肺的喊叫声，与助产士下达的指令交织在一起。妻子撑开双腿，完全是分娩的架势。我根本没有余裕多说什么话或拍什么照，试图去握住妻子抓在床栏上的手。可是，妻子的手根本不离床栏，完全不理会我放在上面的手（事后我问过妻子此事，她回答说是床栏比较好握，更容易使力）。"快看见孩子的头了。"助产士说。但从那之后动作就停滞了。再怎么使劲，再怎么用力，孩子的头就是不出来。似乎要采取什么措施，我又被请了出去。终于到了最后关头。

我等待着。特别在意沙发旁摆放着的马玩偶"闪电怪马"。《闪电怪马》是我读高中时播放的上一时代的动画片。据我所知，以前

---

① 比约克（Björk Guðmundsdóttir），冰岛的创作歌手、乐器多面手，同时也是一位音乐制作者。

像《七龙珠》这种人气很高的动画片是有出卡通玩偶的，但《闪电怪马》的人气并不是特别高，为什么会有卡通人偶放在这里呢？是院方放的吗？还是患者放的呢？

我被叫回产房。一回产房，就看见助产士全体戴着护目镜，一派战队英雄的架势。各就各位，大声齐呼。妻子的脚下摆放着各种工具，手术刀、钳子，还有像是用来剪脐带的剪刀。

"一二三，吸吸呼！一二三，吸吸呼！"

"很好！保持住！"

"很好，很好，呼吸很好！"

简直就是女子排球队。助产士在名叫"产房"的排球场上，翘首企盼着接住"婴儿"这颗球。靠在里面墙上注视事态发展的男主治医生，怎么看都像是排球队的教练。

妻子一直在用力，我在旁边给她扇扇子，除此以外再无可做之事。我的眼角泛着泪光，看着拼命用力的妻子，眼泪夺眶而出。"加油，加油！"我只能为她祈祷。为了让她感觉凉快些，我唯一能做的就是加快扇扇子的速度。

终于看见粉红色的肉团了。一用力就出来一点，一吸气又缩进去一些。在这样来来回回中，粉红色的肉团越来越大。是头。粉红色的肉球上长着稀疏的毛发。我又流泪了，眼泪滴答滴答地流下来。与刚才的眼泪不同，这次是喜悦的泪水。如果眼泪有颜色，一定是不同颜色的吧。情感的起伏剧烈。孩子的头刚露出来一半，助产士就扶住头往外拉。"拜托，要慢慢拉哦，小心折到孩子的头啊！"我心中默默祈祷。

出来了，出来了，我的孩子生出来了。香肠似的脐带犹如围巾般缠绕着脖颈。她没有马上哭，仿佛还处在出生的惊讶中。确认自

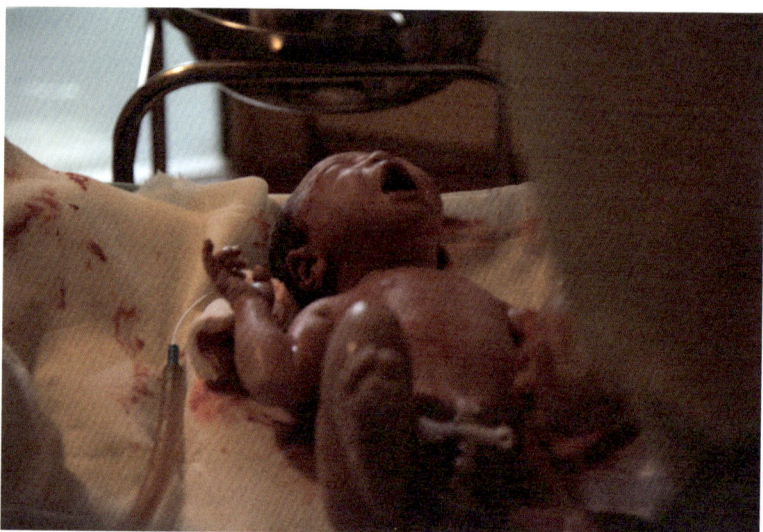

己已经不在母亲体内后，婴儿哇地哭出声来，仿佛在为无法再回到妈妈肚子里而悲哀。一位助产士果断剪断脐带，另一位助产士擦拭血迹。变得有些干净的孩子开始放声大哭。刚把她抱到母亲的胸口，突然就不哭了。母亲的力量已经发挥了作用。很快，我的孩子不知被带去了哪里，我们都松了一口气。当天下午 1 点 59 分，一个体重 3230 克的健康女婴诞生了。妻子身体无碍，平安顺产。

产房里战斗的余韵尚未散去，畅快的疲惫感弥漫着整个产房。我和妻子手握着手，沉默不语。然后，一起等待我们的孩子。可是，孩子却迟迟未来。一定有很多事情需要处理吧。我的心情就像要取出新买的玩具一样激动。

30 分钟过后，孩子终于被送回来了。她回来的时候，周身已被擦拭干净，身上还穿着崭新的衣服。护士将孩子交到妻子手里，准备拍照。

"来，把孩子放在爸爸妈妈中间，对了，笑一笑。"

生完孩子后马上拍照留念，是医院提供的服务吧。怎么可能一下子把情绪调整到"对，笑一笑"呢？我们两人都从疲惫的脸上硬生生挤出笑容。拍完照后，孩子立刻被带去了新生儿室。她才刚刚出生，却像分秒必争的明星般忙碌。

我们不能进新生儿室，只能隔着窗户观看，仿佛是自己买下的玩具又重新被放回到橱窗。孩子时而伸手，时而踢脚，她在肚子里也是这样动，所以才会有胎动的吧。在经历了生产激战后，思考孩子像我还是像妻子，不免太过自我。像谁都不要紧。无论如何，我都感谢孩子能平安出生。不过，眼前这孩子就是我骨肉的这一事实，不够真实。我总觉得她像动物园里的动物，只是名字叫"人类婴儿"罢了。

帮孩子接生的助产士前来问候我们。也就是说，她是我家孩子第一个接触的人类。

"生产非常顺利呢！"

"哦，是这样吗？可我刚才快疼死了呢！"

痛成那样还说是顺产，妻子似乎无法释然。

数小时后，走去外面，眼前是一轮美丽的夕阳，仿佛整个世界都在祝福我们。当天我决定宿在医院。按照医院的规定，新生婴儿必须留在新生儿室，所以我陪妻子留在了病房。最近发生的事情太多，让我的头脑清醒得睡不着觉。半夜里，传来孩子的哭声和大人的欢呼。在这里，生命的诞生司空见惯，不分昼夜，始终如一。

东方破晓，晨光熹微，今天开始可以亲子同室了。很快，孩子被带来病房。我不紧不慢地观察着我的孩子，盯着她几乎只有黑眼珠的眼睛。她在看什么呢？还是什么也看不见？她望着空中，仿佛在看什么我们人类看不见的东西。居住在南美丛林深处的亚诺玛米人认为，刚出生的婴孩并非人类，而是精灵。是接受这个精灵将其养育成人，还是让他们继续当精灵送回森林，全由生他的母亲决定。这个生物的确还不是人类，是上天寄存在我们这里的物品。我把自己的食指放在这精灵小小的手心上，柔软新生的肉团温柔地包裹我的指尖，用微弱的力量握紧我。她认下我这个父亲了吗？我小心翼翼地抱起她，好像对待银座珠宝店橱窗里成列的戒指。为了不弄伤她，我小心翼翼地将她捧在手里。后又因戒指实在太贵买不起，谨慎放回去一样，我又将孩子放回到了床上。

除了喂奶，好像还有许多例行公事要做，婴儿随即又不知道被带去了哪里。我们像是向医院租借了一种名叫"婴儿"的高价商品。虽然过了一夜，我还是没有真切感受到那是自己的孩子。

女儿出生5天了，我们迎来了出院的日子。女儿戴上丈母娘特制的发饰，穿上纯白的小礼服，打扮得宛若见习天使一般。这个孩子今天第一次离开医院。医院是个密闭空间，没有风，也照不到直射的阳光。所以，今天是她初尝清风，第一次感受阳光的温暖的日子。到了那时，她的感受如何呢？会有什么表情呢？女儿紧紧依偎在妻子的怀里，我准备拍照。妻子抱着女儿走出医院。女儿第一次接触到外面的空气。盛夏的暖风吹来，女儿的表情并无变化。烈日无情地照耀着她，但她的表情依然如故。担心女儿会受暑气，妻子径直钻入了岳父事先准备好的车里。看来我们对孩子的反应期待太多了。我收起相机，坐进打着空调的车。

回到妻子的老家。一楼客厅是我们一家的住所。从今天起，不再有护士帮忙，一切都要靠我们自己了。我满心忐忑，不知会发生什么，所幸女儿几乎都在睡觉。没什么特别需要做的，只有每隔几小时妻子给她喂奶而已。

窗边的纸拉门旁摆放着绿色的天鹅绒沙发。妻子总是坐在那里喂奶。喂奶的妻子俨然一副人母姿态，每喂一次奶就更像母亲一点。到了中午，阳光透过纸拉门照射进来，妻子喂奶的样子便会化作剪影。那剪影就像某种象征幸福的自我标志，我感受到一股从未有过的满足。一家三口过着只有我们三个人的日子。小婴儿会一直待在我们身边。妻子喂奶的样子好美，一个女人开始拥有母性。那是一种崭新的美。

我们暂住在妻子老家。一早起来，就有女儿在侧的幸福，和孩子一起睡午觉的幸福，一抱孩子，孩子就停止哭泣的幸福。

丈母娘利索地帮忙照顾孩子，我无事可做，闲得无聊。我试着找点能帮忙做的事。奶瓶打破了，我独自去附近的商场购买。

以前我从未留意过带孩子的顾客，现在不知不觉地会注意他们：抱着新生婴儿的家庭、推着婴儿车的家庭、祖孙三代同来的家庭。我清晰地意识到，世上很多人都是以家庭为单位行动的。

因为肚子饿了，我去美食街用餐。那里聚集的都是些疲累的家庭。大人们满脸倦容地喝可乐，孩子们在玩，把桌子弄得乱七八糟。周末购物，精疲力尽后在美食街享用午餐。亲眼看到所谓"家庭"的现实，让我恐惧和战栗。

一周过后，到了快要办理出生登记的时候，我必须回趟东京。舍不得离开，这么幸福的时光。不知是孩子带给我的，妻子带给我的，还是妻子家人带来的，抑或是家带来的，那是一个以幸福为愿景的样板房，生活着一个幸福模范家庭，而我只是客人。那段时光里，我仿佛不再是我。不管我是否身在其中，幸福的时光也依然流淌，我不过是短期寄宿而已。一离开这个家，幸福感就随即消失，我恋恋不舍。我还没有习惯幸福。

我独自回到东京，又过上了一个人的生活。我在医院开具的出生证明上填写必填事项。我固执地认为，自己的字写得漂亮与否，也许会左右孩子的人生，所以写得很用心。可太过紧张，把笔顺写错了。我将写好的出生证明放入包中，像携带了大量钞票一样，谨慎地骑着自行车去了区政府。

到了区政府，我问办事员："请问在哪里办出生登记？"对方例行公事似的回复我："请去那边办理。"与我之前来取住民票①时毫无二致。柜台前坐着个与我年龄相仿的戴眼镜男子，完全是一副公务员态势。他在柜台后面啪啦啪啦地翻阅资料，一脸不开心地处理事务。我开口说道："我来办理出生登记。"他有些猝不及防地应声道："好。"他为了配合出生这等喜事，在不开心的脸上装出笑容。中途或许是因为难为情，又恢复到了寻常表情。我郑重其事地递上出生证明，对方慎重地检查着。证上漏写了申请日期。

"今天是几号？"我问。

"20 号。黄道吉日哦。"男子有些腼腆地告诉我。

我们相视轻笑。他查询了我提交的名字汉字，判断适合用作人名后，出生登记被顺利受理。女儿的身份也受到了法律的承认。

◆ 死亡

我接到母亲的未接电话留言。

---

① 当代日本户籍分为"本籍地"和"住民票"两个部分。"本籍地"相当于我们认为的籍贯，但是这个籍贯是可以根据个人的需要自由改变的。而"住民票"上的地址显示的是公民现在的确切住址，即人身在何方。

"晶子处于心肺停止状态，快给我回电话。"母亲留下了这则讯息。我没能理解她话中的含义，又重新播放了一遍。

"晶子处于心肺停止状态，快给我回电话。"电话录音里录下了母亲焦急的声音。

心肺停止状态……我听懂了表面的意思，是妹妹出事了，可我却没明白具体细节。我给母亲回了电话。

"喂喂，怎么了？"我尽可能镇静地问道。

"晶子处于心肺停止状态，她现在在医院。"母亲重复着与留言相同的话，仿佛在重播其中几个固定句型。"心肺停止状态"这个词莫名浮现，想必母亲在至今的人生中都没说过几次。

"怎么回事？"

"你妹妹说她难受，于是叫救护车去了医院。到医院后打了点滴什么的，暂时算是稳住了。医生让她留院观察一阵，所以我就一个人先回家了，没想到后来接到医院电话，说她现在'心肺停止'了。"母亲说这话时，声音就像出了故障的录音机。

"晶子会怎么样？"

"什么？"母亲似乎没明白我问这话的意思。

"心肺停止状态是什么意思？"

母亲终于听懂了我的话。可能正是因为听懂了才更难回答吧。她沉重地开口道："心脏已停止跳动一小时，所以已经是脑死状态了。"

"脑死？脑死是指变成植物人了吗？"

"也许吧！"

"那还能治好吗？"

"医生说治不好了，也无法恢复意识。"

"那她会一直处于植物人状态吗？"

"嗯，医生说最多也就一周左右。"

"什么，什么意思？她会死？就这样在无法恢复意识中死去？"

"是吧……"

这样的话母亲定是听过好几遍了吧，所以说话还能保持相对冷静。

"爸爸呢？"

"他现在陪在医院病床边。"

"知道了，今天没电车了，我明天去医院。"

我挂断电话。实在太突然了。脑死、植物人、无意识、死亡……真的已经无法恢复了吗？

抵达新大阪，望见被霓虹灯搅浑了的暗淡天空。之前我为迎接新生命来到这个车站，今天再来却是为了面对死亡。不想触碰的现实离我越来越近。如果我一直不去医院，这个事实会不会就不存在了呢？若我去了医院，就会变成现实了吗？我想直接去其他地方，不见妹妹，去某个其他的地方。

我在出租车密集的转盘处招了辆车。司机像是好不容易等到客人一样，讨好般地跟我打招呼。我告诉他要去的地方。他应该是察觉到了什么吧，绷着一张脸。我想这个司机平时一定会找乘客聊天，可现在他却默不作声地直往医院开。我正在离现实越来越近。出租车穿过昏暗的住宅区，驶向医院。

夜幕沉沉中，巨大的医院大楼冷冰冰地矗立在眼前。现实就在这个方箱子里吗？老家附近的这家医院是我和妹妹出生的地方。

我从夜间出入口进入医院。母亲在家人休息室等候，父亲先回家了。"要你专程从东京赶过来，实在是辛苦了。"母亲见到我的

第一句话体贴入微，看来母亲的精神尚未崩溃。

我前往妹妹的病床。走过照着蓝色荧光灯的冰冷走廊，穿过两道厚重的门，进到大房间里。妹妹在最里面。躺在暗处的妹妹，周身连满了管子。她的头发缠绕打结，双目红肿。一根管子从她的口中插入，使原本狭长的脸显得更长。这是我妹妹，这就是现实吗？现实总是比想象更丑陋，更残酷。我亲眼确认了她无法恢复意识的事实。眼泪夺眶而出，对着母亲说不出一句话来。我不知道在那里待了多久。正想离开，却被医生叫住了，他有话和我们说。

医生在妹妹床边的小桌子前向我们做了说明。病人处于心肺停止状态已超过 1 小时，血液无法回流到脑部才变成这样。今天拍了脑部 X 光片，大脑皮质已经变平。瞳孔照光也毫无反应，没有反射活动，完完全全的脑死状态。今后也绝不可能恢复意识。她剩下的日子不多了，最长估计不会超过 1 周。所以，接下来即便有什么危及生命的状况发生，我们也不会再抢救了。

医生平和地叙述着事实，不掺杂一丝情感。或许是每天都在接触死亡吧，他与我平时所去医院的医生不同，透着一股坚毅。他没有迎合病患家属的精神状态，只是单纯地告知事实，没有一丝谄媚讨好的意思。

母亲询问医生妹妹是否还有存活的可能。祈祷着就算无法恢复意识，也能一直以这种状态活着。可我却不那么想。我的脑中闪过钱、给双亲增添负担等问题。内心深处，我有点期望妹妹能安静离世。

开始几天，我天天去医院。可越去越痛苦，后来干脆不去了。每看到一次插满管子妹妹的脸，我就心如刀绞。我把自己关在妹妹的房间里，不停地打扫。我想把屋子打扫干净，欢迎妹妹随时回家，开心地回家。或许我给自己安排了这项工作，就可以为不去医院找个合理的借口。

我迎来了自己的第 34 次生日和父母的第 36 次结婚纪念日。意外的是，我的生日和父母的结婚纪念日竟是同一天。可想而知，我们家自然没有一丁点庆祝的心情。妻子说要为我庆祝生日，所以我只身去了她娘家。很久没像这样来到与老家生活圈不同的地方了。人们不慌不忙地走在路上。世界正在运转，与妹妹的状况无关。久别重逢的妻子，还有懵懂无知带着微笑的女儿，都让我倍感欣慰。妻子的家人也热烈欢迎我的到来。大家都对妹妹的事闭口不提。我应该亲口好好说明一下。几次想要开口，可话到嘴边倍感沉重，我终究还是没能说出口。

在蛋糕店工作的小姨特意为我做了生日蛋糕。妻子的家人、妻子和女儿为我庆祝生日。全家人一起庆祝生日这种寻常事，在我家不知已经多久没办过了。或许这就是幸福的样子。我要营造一个不论何时都能为家人庆祝生日的家庭。对，就要这样，我暗自心想。当天我直接宿在妻子老家。

第二天早上，我接到母亲的电话，妹妹离开了人世。我立刻赶往医院。到了医院，焦躁不安的父母正蹲伏在等候室里。妹妹的遗体早就被移出病房，送去了地下的遗体安放室。昏暗的安放室里，孤零零地摆着一张床。那张床很窄，只有单人床的一半，那种宽度是想好床上的人不会翻动而设计的。床上盖着白布，好像现在就要揉起白布，做木乃伊似的。负责人掀起白布，妹妹的脸颊干瘦，身体蜡黄，仿佛生前吸过的香烟焦油一下子浮于表面一样。妹妹的魂魄已经离开了身体，我因明明很近，却没有每天去陪妹妹自责不已，为那个过分乐观觉得没有问题的自己而懊恼。

我们必须定下殡仪馆。我本想和父母一起决定，却完全无法对话，我只能自己做主。选哪家殡仪馆，用神道仪式还是佛教仪式，选哪种颜色的棺木，选哪种花、餐食、奠仪回礼……我还沉浸在失去妹妹的悲痛中，却必须做出一连串选择。人生就是选择。妹妹是曾经选择了活着，最后又选择了死亡吗？还是选到最后，只剩下了死亡这个选项了？

妹妹的遗体从医院送回家，随后由殡仪馆接手。来取遗体的殡仪馆简直就像来取货的运货公司，他们抬放妹妹上担架床的手法娴熟。担架床滑过走廊，越过门口的台阶，出了家门。妹妹走了，永远地离开家走了。遗体平躺着放不进电梯，斜过来才能进去。身体微微扶起时，妹妹的脸露了出来。随后电梯门关闭，如同棺材盖被关上了一样。

我抵达守夜的会场，祭坛上摆放着妹妹成年礼时的照片。被放大的照片上，显现出如美女图般透着古典韵味的妹妹。照片两侧是对比鲜明的白百合和绿叶，庄严肃穆。崭新白茬木祭坛那纯粹的白色令人晃眼。会场很大，容纳百来人不成问题。时隔那么久，内心的紧张终于舒缓。我想都已经到了这般田地，总能庄重大方地送别妹妹了。

妹妹的遗体被送去净身后，变得清爽整洁。我触碰妹妹的身体，感觉温温的。但那不是体温，而是热水的温度。这种温暖仅存于体表，体内依然冰冷。她的皮肤僵硬，摸起来就像爬虫类动物的表皮。净身后的妹妹穿戴整齐，施以妆容，被漂漂亮亮地纳入棺木。我几乎从未见过妹妹化妆，因而感觉新鲜。妹妹化妆后真美。

简单的守夜仪式结束后，大家都回去了，只剩下我们自家人，轮流守护妹妹。我第一个守灵。我在妹妹的灵堂祭坛前，回想着我唯一妹妹的往事。冰冻的心开始一点点地融化，悲痛、焦躁、憎恨以外的情感逐渐显露。我想自己已经没事了，妹妹在另一个世界也会过得很好，这种信念随着时间的流逝愈发强烈。母亲回到祭坛前接我的班，我回家。真是漫长的一天。

第二天一早，我去到会场。不知是困倦，还是哭泣的缘故，接替守灵的父亲在妹妹的遗像前揉着眼睛。昨日的疲倦尚未消散，大家又各自开始准备葬礼。

妻子和女儿来了。我带她俩来到妹妹的棺前，打开棺盖让女儿看我妹妹的脸。

"这是你姑姑哦，还能见上一面真好。"妻子说道。是啊，女儿和妹妹还能"见上了一面"。险些就见不到了。

神职人员宣读祭文。我担心女儿什么时候会突然哭闹，所幸她从头到尾都在睡觉。供奉完玉串①，神职人员又开始宣读祭文，仪式结束。我们将花朵放入棺木中，菊花、百合、蝴蝶兰仿佛都有自我意识一般，齐齐向我们绽放。妹妹的脸也朝着同一方向绽放。奇妙的是，同时绽放的花朵宛若那个世界的花田。

盖上棺盖。全体观礼者抬起棺木，搬运到灵车上。我们搭乘巴士，跟在灵车后，前往火葬场。巴士行驶在我高中时每天上下学的道路上，途经朋友家，途经曾暗恋的女生家附近，回忆满满的道路重新覆盖上新的记忆。这次记忆的颜色极为浓重，盖过了之前所有回忆的色彩。我们谁都没有说话，连平时健谈的祖母也始终保持沉默。漆黑的灵车在日光的照耀下分外炫目。晴朗闲适的天气、干燥的空气将悲伤扩散到四面八方。

---

① 玉串指的是在红淡比树（杨桐）的细枝上绑上用棉制成的"纸垂"，其功用是联系神明与人类。

抵达火葬场。叉车叉起棺木，将其置于火化炉中，接着放置要一起火化的遗物。妹妹身边放着许多她在神社购买的护身符。妹妹如同工业产品在传送带上移动一般，被送去了火化炉内部。火化炉厚重的门砰的一声闭上。噼里啪啦轰，发出点火烤鱼时的声响。然后，就一直维持火焰燃烧的声音。

用过饭后，我们再次回到火葬场。妹妹被传送带送到了我们面前。除了骨头，什么也没有留下。脚趾骨、踝骨，从脚依次用筷子捡骨。喉结被完整地保留了下来。负责人说，年纪轻轻去世的人，喉结会完整保留。还有铃铛和订书针似的东西没有烧完。应该是护身符吧。只剩下骨头和铁屑的妹妹。妹妹已经不在了，已经不在这个世上了。

我们回到灵堂，喝完茶，各自回家。我松开领带，脱去衬衣。换上运动服和牛仔裤，脱下皮鞋换上运动鞋。柔软的鞋底穿着真舒适。身体确定解放后，心灵也随之解放。结束了，一切都结束了。漫长的一天。真的是漫长的一天。今天是迄今人生中最长的一天。

从祭品鱿鱼干到神主牌，我抱着一大堆东西回家。虽然我想就这样直接钻进被窝，但我觉得至少神主牌要先妥善安置，于是就把遗像和神主牌安放在客厅的架子上。妹妹会一直在客厅。母亲说："她总是一个人关在房里，这样倒比她生前与我们更亲近了。"

晚上，我们一家人把祭品鲷鱼吃了。妹妹的照片也放在餐桌上。鲷鱼的确鲜美，我们一家四口已经好多年没在一起吃饭了。全家人围坐在餐桌前享用美食，真是极尽奢侈啊。

◆ 修复

时隔一个月，我回到了东京的家。榕树已然枯萎，仿佛是为了替我守护这个家而做的牺牲。我将整个身体的重量抛在床上，弹簧的回弹力让我倍感舒适。之前一直在地上打地铺，现在能躺在弹簧床上慢慢入睡，真比什么都开心。

妻子和女儿很快就会回家。第二天我又开始打扫。客厅、厨房、厕所、浴室……我把房间的角角落落都打扫了个干净。我把卧室里的床扔了。因为女儿可能会从床上滚落，所以我已经和妻子说好，直接在地上铺棉被睡觉。榻榻米一直放在床下，照不到阳光，满是灰尘，我仔细打扫了一番。这次大扫除是为了让自己重新开始。

我在月台上等待妻女的到来。浑圆巨大的新干线缓缓进站。车门一开，乘客们陆续下车。最后，抱着女儿的妻子走出车厢。我接过妻子的行李，凑近脸看女儿。女儿不认得我，一脸诧异。我一抱她，她就哭了。

我们穿过工薪族冷漠来往的车站大厅，走到外面的环形交叉地带。高楼大厦切割出狭小的天空。妻子和女儿回东京了。女儿茫然地望着东京的天空。

终于到家。女儿尚未习惯这里，一直哭个不停。天色已晚，我赶紧抱女儿去洗澡。我第一次和女儿洗澡，用满是肥皂泡的手托住女儿还立不起来的头，小心翼翼地将她的脸和手脚清洗干净。洗完女儿后，将还未擦干的女儿交给妻子，我泡澡后晚点出来。妻子哄女儿睡觉。女儿吮着手指打瞌睡。我睡在女儿身边。我和妻子的中间是女儿，一家三口睡成"川"字形，仿佛是哪里瞧见过的幸福家庭的感觉。我的家庭开始了新生活。照顾孩子，看书，偶尔去医院复查，这样循环往复地过着每一天。每天日子都过得平静幸福，失去妹妹的伤痛被慢慢抚平。

我从东京搭乘电车再转巴士，花了5个小时，抵达和歌山大学。

听校名似乎离海很近，其实远在深山。外面是和煦的冬日、万里无云的晴空。是到了南方的缘故吗？我总觉得这里的天空比东京更蓝。

当天将举行父亲的退休演讲。父亲是教授，但我却从未听他讲过课。父亲最后的演讲，对我而言，既是第一课也是最后一课。我到底能否把它听完呢？大家会认真听吗？我总觉得自己会因为难为情而无法坚持，但又不能不去。为了辛勤工作几十年的父亲，为了能给父亲留下一个回忆，也为了给自己一个回忆。

礼堂比我想象的还大。入口处摆放着签名册，我签上了自己的名字。我提前半小时到的礼堂。早早地坐到教室里，会显得儿子太过在意，让人不好意思，所以我暂时去了校园散步，以消磨时间。

演讲开始前 10 分钟再去时，教室里已坐了不少人。父亲的学生自不必说，同僚学者以及走上学者之路的父亲门生也纷纷现身。

演讲开始了。退休演讲果然与一般演讲的规格不同。首先担任司仪的教员介绍了父亲简历，随后系主任致辞，最后才把麦克风交到父亲手里。父亲站在讲台的中央开始发言。他站在屏幕的正中央，投影仪的光芒洒满他的周身。黑暗中，光线投射在他秃顶的头上。

"老爸，你就像机器战警一样哩！避开投影的光线，到边上去发言啦，喂。"演讲才刚开始，我就已经坐立不安。父亲说了 5 分钟后，终于意识到这点，往荧幕旁边挪了挪。

演讲内容是父亲的工作总结。父亲的成就大分为二。其一，是在和歌山大学创立了系统工学系。它与过去的专业学系不同，是以创建囊括各种学问的全新理工学科系为目的的。

其二，是关于城市规划的研究。父亲主要研究环境共生下的城市计划，运用研究成果，制定环境保护条例，促进过疏化地域的再开发。

我原先对父亲的工作不甚了解，听完两个小时的浓缩版演讲后，有了粗略的掌握。原来父亲那时去欧洲，是为了从事这种工作啊。经常打电话过来的那个人，是从事这样的工作吗？现在的我重新对父亲有了认识。

时间还剩下 10 分钟的时候，演讲结束，开始提问环节。很多人提了各种各样的问题，有些父亲做了完整的回答，有些只做粗略解答。不过，那些问题并非真有疑问想要寻求答案，而是为了祝福即将离开的父亲。整个会场萦绕着幸福的气息。我本打算安静地倾听，默默地离去，但我也提了一个问题。

"我是日下教授的长子日下庆太，今天刚从东京赶来。在此之前，我对父亲的工作不甚了解（当众提问让我很难为情，为了掩饰这种羞涩冲口而出），直到今天才终于明白。创造和谐共生城市，现在耳熟能详，但过去不过是说得漂亮。现在，它成了时代所需，时代的脚步已经赶上父亲了呢。我在广告公司工作。当今时代，企业也开始积极参与社会公益活动，因此，要求开展这类企划的委托也增加了。最近这种企业的动向是否可以和自治体结合起来，进行更有效的环境保护活动呢？"

父亲微笑着听我发问，随后他拿起话筒。

"嗯，我们必须采取各种手段来保护环境呢。"

就这样回答结束。我还以为父亲会继续说明什么，可他什么也没说。我想听更周到的答案，但也无可奈何。比起提问的内容，提问本身更有意义；比起回答的内容，父亲回答儿子问题本身更具有意义。结束的钟声恰好在此刻响起，我这个儿子的提问为父亲的退休演讲画上了句号。学生献花，演讲落下帷幕。

演讲结束后，我去和父亲打招呼。父亲看起来真的很幸福。很多人围聚在他的身边，我简短问候后就回家了。

　　走在大学校园里，我感觉轻飘飘的。仿佛那一天我都是照着别人写好的情节行动，存在另一个扮演尽孝长子的我。原来的我既害羞又怕麻烦，是绝不会这样做的。过去的我，应该不会从东京赶来和歌山吧。就算来了，也不会当众提问吧。但妹妹去世后我才意识到，拥有众多美好回忆离世的人才是最幸福的吧，充满各种美好回忆的人生才是精彩的人生吧。若真是如此，那我要为父亲创造特别的回忆。今天的一幕一定会在父亲人生的走马灯中出现。

　　父亲的成就伟大吗？会在社会中感觉自豪吗？和歌山大学并不是名校，父亲也算不上知名教授。但他一定是取得了相应成就，才决定退休的。我不知道他是否满足于自己的工作，也不知道他是否还留有遗憾。总有一天我会亲口问问他。但今天姑且到此为止，先对他道声感谢：长久以来您辛苦了，感谢您撑起了这个家。

◆ 下定决心

　　退休演讲结束后，父母领着年金平静生活。宁静的退休生活终于开始了。我在东京和自己的家人悠闲度日，但那样的日子转瞬即逝。开年没多久，父亲脑中风复发，住进了医院。我匆忙从东京赶往大阪医院。父亲意识不清，需要紧急手术。那是要把头盖骨切开的大手术。正月里，我一直候在医院的会客室里。幸福又不知去了哪里。

　　手术圆满成功，但父亲的意识还很模糊。我独自思忖，如果父亲一直处于这种状态该怎么办，好在他一天比一天清醒，不久便恢复到了先前的样子。但父亲半身麻痹，需要转去康复医院，做一段时间的康复训练。我为了照顾父亲，以及还未从妹妹去世打击中走出来的母亲，暂留大阪。我在老家和妻子的老家间往返，眼看着父亲的病情逐渐好转，为了自己宿疾的定期检查，回到了东京。

当时，我为了去医院，正走在住宅区的小路上。电线突然大肆摇摆。我以为附近有人在对电线杆施工，却听得工人大喊："快跑！"地面剧烈地晃动起来。我想此时移动会很危险，就杵在原地不动，工人对我大喊："电线杆附近危险！快跑！"我奋力奔跑，穿过住宅区，仿佛跑在软绵绵的海绵上一样。过了一会儿，地面恢复了正常。我用手机查询刚才发生了何事，竟是地震。

地面不再晃动，我步行去了医院。一到医院，就看见众人聚在候诊室里看电视。黑色的液体倒灌入农田，吞噬了车辆。原来是海啸的影像。震中在宫城县海域。宫城县的地震，竟然让东京摇晃得如此厉害。震级之大，令人心惊肉跳。检查没有因为地震取消。我报到后正要抽血，又发生了一次剧烈的晃动，这让我回想起阪神大地震时的余震。

当时，妻子和女儿在横滨朋友家。虽然她们平安无事，但公共交通中断。当天我无法回家，借宿于朋友家，直到第二天才回去。

阪神大地震时，余震曾让灾害范围进一步扩大。我判断这样留在东京很危险，就预订机票，搭乘第二天的班机飞回大阪。

我回自己老家，妻子回她的老家。我在老家每天都看电视。核电站爆炸，身穿工作服的国务大臣公布说："不会马上产生影响。"SPEEDI（紧急情况下的环境剂量情报预测系统）的信息被立刻掩盖。人体每年能接受的核辐射当量剂量识时务地从 1 毫希提高到 20 毫希。辐射瓦砾散去各地。首相从菅直人变成野田佳彦时，宣告事态结束。到底什么结束了？真相是什么？电视里什么重要的事都不报道。愤怒噌地涌上心头。十几岁时对社会感到愤怒，愤怒到能每天听日本朋克乐队 The Blue Hearts[①] 首张专辑的程度。我将那种愤怒转化为行动，生平第一次参加示威游行，夹杂在中年群体落伍的齐呼口号和年轻人发出巨响的抗议行动中，特别别扭。只是否定并不能萌生什么。

在这样的时代，我该做些什么才好？将广告刊登在失去民众信任的媒体上有何意义？徒然鼓动消费又有何用？地震灾害和核电站事故已向现代社会敲响了警钟。我不想像以前那样制作广告了。

死亡并不遥远，甚至近在咫尺。虽然看不见，但已来到近旁。我没有时间了，没时间再做徒劳无益的事了，必须做点什么。

---

① The Blue Hearts 是一支日本朋克乐队。成立于 1985 年，1987 年以单曲 "Linda Linda Linda" 出道。The Blue Hearts 是日本非常重要的一个摇滚乐团，歌的内容大多是年轻人对于社会的失望、人生的苦闷，但是最后还是对未来充满理想，很让人振奋精神。

第四章

人生逆袭

◆ 崭新的世界

重返职场的机会来了。虽说如此，要马上重返制作现场仍有难度。我先是去了工作量不大的创意局总务科，以关西分公司派驻东京的名义工作。东京有东京总公司的总务科，却没有关西分公司的总务科。我离开居住 5 年的东京，回到大阪。

刚开始，没什么工作要做，第一要务是熟悉公司。每天正常上班就是目的。我的计划是先在公司待到中午，然后是下午 3 点，再后面是下午 5 点半，慢慢地适应上班。人是到了公司，却没什么工作可做，闲得无聊。

我过着每天在附近散步、拍照、看书、和孩子一起玩的生活。一段时间没去大阪，大阪变样了。我像天上会掉下有趣物件似的，在大阪街头闲逛。我时常去味圆大楼。以前策划 Flower of Life 的 Colo 和胜男等人组建名叫 COSMIC LAB 的团队，还在味圆大楼一楼开设画廊。那里正在展出画家药师丸郁夫的画作《这里是天堂》，我前往参观。画面犹如曼陀罗，又如天堂般五彩缤纷。当我正在观看其中一幅布满整面墙的巨幅画作时，一名男子高声惊呼："哇，这太厉害了！不容易画吧！"那男子的手脚很长，身高约一米九，蓄长须，头上缠绿色头巾，像是某教派的教祖。

我在画廊与许久未见的朋友闲聊。

"哟，这画真了不起耶。"刚才那位胡子男向我搭讪。

"是啊，你刚才在这画作面前说了不少呢。"

"吾乃作画之人。光是想象画这幅画所需的功夫就累死人了呢。"

"有这么难啊？"

"好厉害啊。吾名唤作 Kotakeman。"

"'man'是什么意思？免贵姓日下。"

"你是做什么的？"

"我是文案撰稿人，兼作摄影。"

"既然你是文案撰稿人，那你觉得祭典的广告标语用什么好？我在新世界商店街举办名为'self 祭'（自我祭）的祭典活动。"

他递给我一张奇怪的手绘传单，内容就像做工拙劣的义卖会宣传单。我稍作思考后回答说："像崭新的新世界那样的如何？"

"这个标语不错。我正在招募参加者，你要不要来？照片什么的都行。"

传单太过怪异，没看出什么花头。我跟他说，要先去当地看过后再做决定，然后就此作别。我八成会拒绝参加，但还是比较在意新世界这个地方。在东京的时候，每次回大阪，我都会去釜崎。釜崎是临时工的聚集地。很多人白天就在马路上喝酒，喝得酩酊大醉后直接躺街上睡觉。有对着电线杆说话的大叔；有把布偶一字排开，拿一次性筷子当指挥棒挥舞的大伯。随便一走就能碰上些什么。比起在毫无生气的东京生活，我更能从如印度般充满生机和芳香的釜崎获得生命力和慰藉。"人生也可以不特别努力。"釜崎边上是新世界。炸串、象棋、白天就在的醉鬼、通天阁。那里也是釜崎大叔们的娱乐街。我对大阪深南部①的祭典饶有兴趣。

　　总之，我打算先去当地看过后再做判断，所以去了会场所在的新世界市场。那是一条全长百米左右的小商店街，位于从通天阁直线延伸出去的通天阁大街分支上。我去的时候，Kotakeman 也在。据说，只要在商店街所辖的范围内，所有的地方都能展示。我走到商店街里，发现一半商家都关着卷帘门，还闻到某些动物的恶臭。野猫栖息，是猫屎发出的臭味。商业街的天棚是用塑料布之类的材料搭成，本该是白色的，现已经泛黄。阳光透过黄色塑料布进到商店街里，变成了黄色，让本就带有怀旧情怀的昭和商店街更显萧瑟。

　　他带我去了自我祭的办公室。那里挂着一块印有"想象皮卡空间"（imagination Pikaspace）的招牌。入口处装饰有照片，照片中间是小野洋子，洋子两旁各站了一位面带微笑的欢愉女子。她们是关西有名的独立乐团双人组合 Afriampo。我还以为 Afriampo 的成员之一是皮卡，所以才叫皮卡空间，但好像只是碰巧与店铺同名而已。皮卡空间里还有其他工作人员，剃平头、戴帽子的机警矮个男人和如摇滚太阳花②般、瘦弱毛躁的高个男子。平头男子看着贫困潦倒，却被叫作社长。他自称池田社长。"弱不禁风男"原名熊谷春树，因出身气仙沼，故有"气仙沼春树"一名。我本打算谈些事务上的事宜，如选哪里展出等等，结果从气仙沼这个名字聊到了地震。他们都是因为地震才移居大阪的。等我发觉的时候，已经聊了一个小时，不知怎的与他们如此投缘。或许参加自我祭会很有趣，于是我决定展出照片。

　　祭典前 3 天，我去市场筹备展出，那里有很多工作人员在做准

---

　　①　大阪深南部（deep south），指釜崎、新世界一带。
　　②　一种戴着太阳镜的太阳花盆栽玩具。

备：将闲置店铺里的东西清除出门，在天棚里装饰，打扫卫生。大家都很认真。传单做得毫无章法，准备工作却一丝不苟。

我也开始准备布置。据说那年是通天阁的百年纪念，所以我用100 张 B3 大小的纸打印出正在睡觉的人的照片，贴在停业照相馆门前的卷帘门上，多么讽刺的展出。整条商店街都装饰着眼珠等奇妙题材，仿佛贫瘠的噩梦一般。绝对不会有想请朋友前来的想法。

自我祭的日子到了。我以为不会有什么人来，没想到人潮涌动。不少人驻足于照片前窃笑不已。那些照片曾在画廊里展示多次。画廊里有专门的照明设施，能清楚完整地展示照片，可来参观的人群固定，大部分是因为对照片感兴趣，也有些是照片人物的朋友或者熟人。而这次几乎是在马路上展示，所以连对照片毫无兴趣的、路过的男女老少都看得见。对于这些人的反应，我感觉很新鲜。

比起看我的照片，仰望照片上方的人更多。原来天棚上垂挂着一只蓑蛾幼虫的巨大巢穴。那个巢是用真的木材搭建的，里面裹着一个人，正边玩手机边俯视众人。他是在演绎角野晃司的《蓑虫now》。

除了蓑蛾幼虫的巢穴之外，商店街的天棚上还装饰着眼珠、脑浆、鸡蛋等物件。商店街的入口处横着巨型自由女神头像。空地上装饰着澡堂里的富士山画卷。画卷前放着澡盆，那是权田直博的作品《风吕恩蒂亚》（風呂ンティア，谐音"先锋"）。不管洗澡盆里的水怎么样，路过的大叔都脱光衣服，开始洗澡。自称流浪诗人的大叔正要朗诵诗歌，一眨眼就开始向观众兜售 CD。Afriampo 的皮卡突然抱着大鼓从皮卡空间夺门而出。他一边呐喊一边敲鼓，开始现场表演。商店街里到处都是观看现场表演的观众，他们的上方还悬挂着蓑蛾幼虫的巢穴。现场表演结束后，皮卡坐上纸糊的巨大

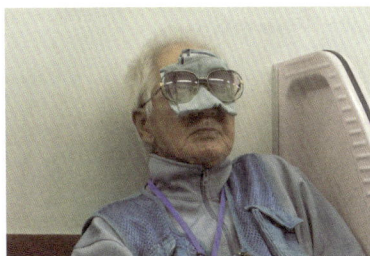

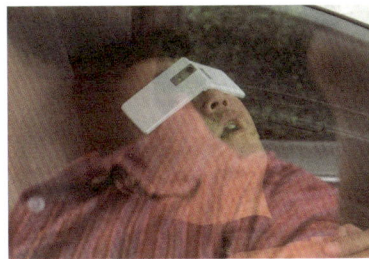

手腕，被 20 个左右的男子抬着奔出商店街，穿过通天阁下方，走过主道，钻过河豚店老板巨大的河豚立体招牌，在新世界街区内巡回，途中还搭上炸串店里的客人以及路过的大叔，最后返回，不知为什么还放上了个熊猫。世界一片混乱，前卫的化学反应接二连三地发生。新世界成了新的新世界，能量激起了旋涡。客人和艺术家都很享受这一祭典，商店街热闹欢快。不过，商店街的店主们却都阴着脸，嫌弃地看着年轻人，很少能看见商店主和年轻人交谈的场景。商店主和年轻人没什么特别的交集，只感觉是年轻人在商店街里瞎闹。

祭典的第二天晚上，工作人员汇聚在一起。大家都有相同的感受。为了多多与店主沟通，大家各自找店主谈心，留意顾虑。池田社长说想做商店招牌。因为我是文案撰稿人，所以他希望我能帮忙编写招牌上的文字。但我修改自己的展示作品已忙得不可开交，而且我也不想把广告的事和自己的工作牵扯进来，所以拒绝了。结果，

池田社长自己在纸板上书写并制作招牌。

最后一天，虽然我们采取了诸多对策，但为时晚矣。商店的销售业绩没有增长，店主与年轻人之间的交流也极为有限。在新世界大街上游行遭到了严厉斥责。因为没有事先获得批准。我那时才知道原来游行还要经过批准。结果店主脑海中留下了年轻人在新世界市场疯狂胡

闹的强烈印象。尽管如此,参加人员倒是一个个乐在其中,更重要的是,那里的热情极高。

下一次的自我祭定于两个月后的 2012 年 7 月 28 日(浪速日)和 29 日,同样在新世界市场举办。我和自我祭的工作人员彼此间非常合拍,所以拜托他们让我成为主要成员。最终我作为自我祭的一员参加祭典,担任自我祭顾问一职。但我觉得自己不该就这样迎接下一次祭典。

◆ 举办祭典振兴街区

大家各自为了新世界忙碌起来。地震后移居大阪的春树、社长、Han 3 人,搬进了作为办公室租借到祭典结束的屋子。春树生于气仙沼,兄弟 7 人中排行老五。出生不久父亲就得病半身不遂,母亲含辛茹苦地独自抚养他们长大。他在仙台度过了任性不羁的青春岁月,又去印度旅游,之后为了成为陶艺家在浜松的山里闭关两年,最后因地震回归故里。他在故乡加入岸巡队,见识了不少人和事,后又接受铃鹿工厂工作时认识的朋友 Kotakeman 的邀请举办祭典,来到了大阪。池田社长是东京土生土长的音乐家。以乡下福岛核事故灾害为契机,感觉必须做点什么而开展行动时,结识了大阪出身的女朋友,相恋后移居大阪。不过一到大阪,就马上被甩,失去了住所。Han 来自北海道的苫小牧。为了追求单恋的女子去了札幌,失恋后去到盛冈。后因精神病住院约一年,又回到札幌,开了间烟熏三明治店。虽然店里每天有白领排队,人气旺盛,但店铺是简单搭建的小棚子,所以没能挨过北海道的冬天。虽然他也可以选择重新开家新店,但为了实现自己想当电影导演的梦想,关了店铺,其后又在东京住了好几年。其间他有了自己喜欢的女孩，只不过这都是他的单相思。女孩移居西班牙，Han 几次追去，甚至借高利贷飞去那里。但恋情无疾而终，只留下一堆债务。他搬到京都，没能适应那里的生活，就流浪至大阪西成，结果几乎都没拍电影。迷惘的39 岁，他管自己叫媒体监制。

他们 3 人住的房间是古老的木结构房屋，没有浴缸也不能淋浴。租金是便宜得不能再便宜的 2.5 万日元。房东松本先生说如果他们能让商店街活跃起来，就便宜租给他们。那里已是野猫聚集之所，野猫身上的跳蚤繁殖迅速。春树浑身被跳蚤叮咬，怎么也消不下去，好像得了什么皮肤病。因为恢复得太慢，又一直很痒，他怀疑自己是不是得了艾滋，还去做了检查，结果阴性。

入住商店街的 3 个人，在商店街提供各种便民服务，他们或给人打扫卫生，或帮忙送货，或修缮漏雨的地方，很是活跃，赢得了大家的信任。当然，他们和以前一样，通宵喝酒闲谈。每天都有不知从哪里冒出来的奇妙人物来皮卡空间，产生前卫和阳光的化学反应，创造某些东西。自我祭的准备也在进行中。我们打算和店主们一起做些产品，并且和店铺开始启动开发新产品的计划。

我还要上班，不能像他们一样一直待在商店街里，也不能和他们一起打扫和配送货物。我在想自己可以做些什么，想到自己可以利用广告技术做些什么。自我祭需要重新出发，到底方向在哪里？我们该做些什么？想做些什么？这就需要文案撰稿人出马。自我祭没有标志，也没有广告口号，应该把它们设计出来。于是，定下"举办祭典振兴街区"的广告口号。对了，应该通过祭典来振兴街区，而不只是瞎闹。因为祭典最重要的意义在于振兴街区。

我还想到了另一件自己可做的事情，就是去制作店铺海报。池

田社长在祭典最后一天制作的手绘招牌，文字混乱潦草，语言也很随便。就算是这样的招牌，商店街的婆婆们还如珠似宝地留着。有些手绘招牌或许可以做成正式的海报，这正是作为文案撰稿人制作过很多海报的我可以做到的。不过，当时，我也只是这么想想而已。毕竟一个人制作大量海报太过辛苦。

我在公司负责教育新手的工作。在总务科，不仅要管新人培训，还要策划全体员工的培训。我寻思让这些年轻人来帮忙制作海报也许不错。因为对他们而言，自由制作海报是极好的学习机会。坐着听著名创意人演讲固然不错，而亲手制作才最能学到东西。最重要的是，新手没有可以自由表现的工作机会，寻常工作会受到客户、上司、前辈和预算等各种因素的限制。我感觉他们内心积攒着大量没被满足的欲望，他们希望做些更有趣的工作，希望去获奖。其实，我做新手的时候也是如此。而且，商店街的店铺有 15 家之多，能够让许多新手参与海报制作，而不是部分人员。这个主意挺不错的，但是无法让他们获利。因为不可能从萧条的商店街获得报酬，只能是义务劳动。公司会同意这种不赚钱的工作吗？而且，推进这项工作会让自己的工作量大大增加。自己的身体状况尚未稳定，每天服用的药量还很多。更重要的是，这会让公司的工作侵犯到自我祭以及摄影等个人领域。干还是不干，我备感烦恼。我甚至还跑去神社求神问卜，做与工作无关的瞎胡闹的事真的好吗？我仿佛听到神明在对我说："试都没试怎么知道。"

◆ 有趣的海报

或许，我的内心是希望上司和公司阻止我的。结果与上司饼原一商量，他竟然爽快地答应说："这不是很有趣吗？"我骑虎难下，只能推进下去，但我不知道那些年轻人会不会愿意参加。因为是义务劳动，不能强制所有人参加。我忧心忡忡，不知是否有人响应。我小心翼翼地询问年轻人意向："要参加吗？"几乎所有人都举手说："要！"

既然已经决定要做，就必须竭尽全力。我绝不能辜负这帮年轻人。为了给他们提供完全自由创作的环境，我制定了一些规则。

① 要做有趣的海报。
② 要认真对待店铺的要求。
③ 只制作自己喜欢的海报。
④ 无须汇报，做好后直接交付。
⑤ 即便店主不喜欢，也一定展出。
⑥ 两人一组，每组由一名广告撰写人和一名设计师组成。

⑦ 不借助他人力量，全由自己团队创作完成。

⑧ 制作足以能参加广告奖的 5 件作品。

①理所当然。这种情况下，不做出有趣的作品毫无意义。不有趣就重做。有些小组能马上定下方案，有些小组出了好几个方案也定不下来。

②是广告的最基本要求。认真对待对方，要贯彻亲自去店里采访，亲眼确认状况后再做海报的原则。没去过店里就直接做海报甚是荒唐。哪家店都能套用的表现方式，或与该店无关的搞笑内容都不合格。

③④⑤非常极端。这在广告界中绝无可能。正常的广告流程都是先听取客户对委托内容的说明后，由我方策划并提供给客户几个方案。顺利的话，客户会从中挑选一个。全都没被选上时，就要考虑新的企划继续提案。有时就算客户选定了方案，也可能只是看中方案中的大致方向，客户会说："能从这个方向再多思考一下吗？"这就必须重新提案。反复来回好几次后，获得负责人的同意："就按这个来进行吧！"接下来还要向负责人的上司课长或部长汇报。公司组织越大，职位越多，向上司确认的次数也就越多。"我觉得还不错，但还是没通过。"被上司打回票的情况很多。获得部长级同意后，还需要向董事汇报。"我觉得这样不错啦，不知社长怎么想。"有时这个阶段还会重新来回讨论。一路过关斩将，终于可以向社长说明时，也可能因为社长说了一句"我没看明白"，让积累至今的努力瞬间化为泡影。获得所有决策者的同意进而顺利地定下一个方案，需要付出极大的努力。就算已经决定，说到底也不过是个方案而已，还要在这个方案的基础上形成实体。先拍摄海报素材、

电视广告和网站动画等，再对拍好的素材进行版面设计、编辑完成后才成为最终成品，然后让客户确认。确认过程和定案流程与提案时相同，仍需层层签批。如果这时候还需要修改，那问题可就大了。几经反复来回多次，最后终于完成，可喜可贺。正是因为了解这样的流程，才知道不可能不需要简报。中途不确认也是不可能的。而且客户不喜欢也一定展出的做法，也同样不可能。能定下这么荒谬的规定，都是因为这次是免费的义务劳动。即"我不收费，但请让我随心所欲地制作海报"。

我认为，广告的停滞乃至日本自身的停滞皆因"确认"。所有的事情都要经过再三确认后才能推进。就像不断敲石桥，结果敲过头把石桥敲坏了。明明已经敲过石桥可以渡桥，却不相信，结果没渡。即便敲着石桥渡过河，还有其他的石桥。不仅在修正或做通过的准备上耗费了大量的时间和精力，还影响了速度。经过层层确认后修正的东西，与最初的想法相比，已是面目全非，不知所云。在广告制作中，除了制作本身以外，大量的精力都耗费在"通过"上，即让前辈、上司、其他部门等公司内部人员和客户"通过"方案上。"制作"和"通过"达不到五五开，甚至有时会成三七开或者二八开。另外，其他领域创意人的这个比例则是七三开或八二开。如果是个人创作的艺术家，有可能达到10：0。制作广告的人不可能战胜在作品制作上花费更多时间的人。对世人而言，所有的作品都是平等的。电影、小说、漫画和广告同台竞技。普通人不会做出"这在广告中是有趣的"的判断。任何表现形式都是广告的竞争对手。在这种情况下，若在"通过"这件事上花费时间是不可能胜出的。这是我进公司以来一直存在的广告危机意识。

这次，我为参加人员准备了"制作：通过=10：0"的环境，比起制作海报的内容，我更注重营造能让参加人员自由表现的环境。当我还是个新手的时候，总被要求自由创作，但很多时候根本不自由。正因为如此，我才必须坚守自由。我们几乎没有碰到过可以不受限制、自由发挥创意的工作。我要精心打造一个完全能自由创作的舞台。新手中，既有认为"能够做些有趣的东西，太好了"的人，也有"若是这样还失败，就不能找任何借口了"，即带着恐惧和压力投入制作的人。平时的工作可以找各种理由：这是客户要求改的，那是上司指示的，这是前辈的建议，那是预算过少造成的，等等。而这次所有责任都在自己身上，没有任何推脱的理由。

⑥是为了组建更好的团队而设的规则。负责文字的文案撰稿人和负责视觉效果的设计师组合在一起，既平衡又不浪费资源。人数少就只能做属于自己的作品，责任感也会变强。

⑦没有资金就无法委托他人，虽然这是主要目的，但也包含了我希望他们能用自己的双手独立完成制作的想法。广告的分工日渐细化，基本上都由多人推进，这既是好事也有短板。多人共同制作，到最后就搞不清楚是谁的作品了。我这次就是要让他们完全靠自己制作，以体会"这是我自己的作品"的感觉。

⑧要把广告奖放在心上。所有新手文案撰稿人都向往的东京文案俱乐部新人奖规定，必须提交 5 件作品，才有问鼎奖项的可能。反正都是要制作有趣的东西，不如把得奖当作目标。得奖不是终极目标，但得奖能让新手变得轻松自信，有利于迈向更好的工作。

我将规则共享给年轻的制作人和店主，让他们选择自己想负责的店铺。A 组负责日式糕点店，B 组负责茶屋，依次决定各组负责的店铺。不知是因为内心的恐惧还是制作的喜悦，大家都表现得比寻常工作更卖力，真诚地制作海报。没有一个人消极怠工。

负责生田棉店的文案撰稿人永井史子，刚进公司两年。她几次三番地去到店里，像记者一样从老婆婆口中探问情况，再把老婆婆的话稍加调整润色后做成海报。因为没有资金，照片就由我来拍摄。设计师河野爱用照片和语言做设计。为了突显这家店的个性，还用店里的线缝上"生田棉店"的标志。河野利用平时作为艺术家创作作品的技术，展露其刺绣神技。

泽野工房的泽野先生一边经营鞋店，一边将兴趣升华，创立了爵士乐厂牌。他拥有如此特殊的经历，是内行人皆知的关西知名大叔。他还是新世界市场的会长。负责文案撰稿的是爵士乐歌手山口有纪。她用彰显泽野先生精神的一句话做成了精妙绝伦的海报。

负责贴身内衣店的娴熟撰稿人细田小组，利用店家"一通电话即送货上门"的特点，成功制作出老练像样的海报。

大北轩茶行的海报由年轻创意人组合松下康祐和泷上阳一负责。或许是因为他们年轻气盛，有点丈二和尚摸不着头脑。平时工作是不可能出现这种作品的。能将没有内涵的东西做到这种程度，也是不产生费用的缘故。

他们各自认真多次地采访店主，将其中特别闪光的话语做成标语，没钱请摄影师就自行拍摄，坚持对着 Mac 连细节都精雕细琢。从开始行动到一个半月后，海报全部完工。到了最后一刻，大家仍在为了使海报变得更加有趣而不懈努力。

制作者们亲自将海报送到在商店街等待的店主手中。原先忐忑不安的店主们看到海报后，脸色都亮了。

如此蠢的厂牌，日本哪里找。

俗话说顾客是活菩萨，可店里的
老顾客，有一半都成佛了。

茶叔。

附近女人的身体尽在我的掌握之中。

"这么费心帮我们做海报，真谢谢啦！"

"我都有点舍不得贴出来啦。"

大家盯着海报看，仿佛在看新出生的长孙一般。那些还未收到海报的店主等得心焦，坐立不安，都跑去其他店偷看别人收到的海报，还焦急地说："真好哪，真好哪。"最后拿到海报的茶行老板大北说："我会一直珍藏着，当传家宝一样。"

常言说得好，"提案即是礼物"。到现在为止，我送出过很多次礼物，但从没送过这么令对方开心的礼物，也从未亲眼见过这样的送礼场景，简直就像是在送婚戒。每每见到送出的场景，都会被那种幸福感染，自然地润湿眼眶。

自我祭的成员春树和 Han 采用原始的方法悬挂海报，他们用铁丝穿过海报角落，绑在竹棒上。这种粗野的展出方式，在平时的广告中也是不可能的。

第二届自我祭于 7 月 28 日、29 日开幕，新世界市场展示了 15 家店铺的 56 款海报。Kotakeman 创作的眼珠沙滩球、从划破的肠子里掉出来的肠状物，以及其他艺术家作品和广告创意人制作的海报在天棚下同台展出。同属艺术，却犹如水和油一样相互排斥的实用艺术（fine art）与商业美术杂糅在一起。这样的风景，这样的展出，我之前从未见过。就像经历了漫长的登山之旅后，山顶上满眼的风景。唯有达到某种境界才能领略的风景，在商店街扩散开来。

我们为店家所做的努力不仅只是制作海报。有艺术家在袜子店库存上绣花样出售的；有用可乐饼炸完后的废油制作肥皂，并做成炸串售卖的；有戴着奇特帽子的女孩子像吉祥物一般沿街叫卖的。真是八仙过海，各显神通，但所有行动都是为了店家。年轻人们从容不迫地发挥才智，不时与店主沟通，店主们也温暖守护这些年轻人，出现了第一届自我祭时没有的整体配合感。

自我祭结束几天后，店主和自我祭成员一起对第二届自我祭做了回顾。店主都非常高兴，海报非常好，艺术家也很不错。店里的营业额略有增长。自我祭取得了巨大成功。在这些店主眼中，我们从曾经"莫名其妙的年轻人"，变成了现在"可以信赖的家伙"。他们之前抱着"别没事找事"的被动态度，现在都像从冬眠中苏醒一样积极发言："那真开心啊""以前我也这样干过""这么做好像也不错"……商店街的风向发生了改变。

会议的最后时刻，商店街会长泽野先生再次申明："我很想把这些海报一直留存。"

我自然是颔首称是。原本制作海报就是以留存为前提的。活动结束后，商店街又回归清冷。但是，如果能制作出可以留下来的东西，就能一直存在于商店街中，能够继续鼓舞商店街的士气。作品留不留全由店主决定。自我祭一旦结束，海报很有可能被撤下来，所以我真的很高兴他们说想继续留着。

"下次还想办海报展哩！我们可以把闲置店铺改装成画廊。"

店主们第一次表达了强烈的愿望。为了做海报展示，他们愿意为我们免费提供场地。

海报展定于11月下旬开幕，还有4个月的筹备时间。我们自我祭的成员先将闲置店铺改头换面，打扫这些仿佛时光暂停一般的肮脏空铺，撤走大量物品、棚架，还有浸泡数十年业已干瘪的咸梅干等。园艺师阿大帮忙运来大量泥土，使我们得以在三合板墙上如涂抹灰泥般改造墙面。经过我们认真细致的层层涂抹，泥墙完工。海报展开幕前3天我们完成了店铺改装，美其名曰"市场画廊"。电通的同事们也制作了新海报，18间店铺，算上先前的56张和新制作的73张，共计129张海报制作完成。我们将这些海报放在市场画廊和商店街的天棚下展出，整个商店街就如同一座画廊。"新世界市场海报展"由此启航。

新世界有通天阁那些地方，原本人流量就大，只是人流并没往位于岔道上的新世界市场中涌。海报的出现吸引着人流慢慢涌向那里。观光客用手机拍海报。大叔突然停下脚踏车抬头看海报。正在工作的上班族看了海报后噗嗤窃笑。少年拿海报和店主比对。海报的好评如潮。"客人拍照正当时啊。"店主们也拍手称赞。前来画廊的人逐渐增多。自我祭的唯一女性成员阿丘照看画廊，招呼来访者喝奶茶等。画廊里设有暖炉，看海报看累了可以喝点奶茶，靠着暖炉暖和身子。新世界的这一角落成了温暖之所。

没有预算，所以没法大肆宣传。但经众人的口口相传，展览自然而然地成了热议。杂志社记者无意间路过发现了海报，想介绍海报就给我们写了报道。偶尔路过的报社摄影师也给我们做了报道，就这样展览逐渐成为热门话题。电视台来采访，以"摆满有趣海报的商店街"为题在晚间新闻里播报。看到播报的其他电视台也来了，甚至还有 NHK 广播电台的现场直播。商店街的会长泽野先生虽然紧张，但还是在节目中侃侃而谈。

海报展赢得了超出预想的巨大反响。首先，海报本身非常有趣。没有限制，就能使海报表现得更为精炼。对于商店街的没落付之一笑的自嘲式表现方式；海报主角并非艺人或模特，而是绝非俊男美女的市井小民：这些都使新世界的海报与街头常见的海报泾渭分明。现场表演时台上的音乐家若能很享受地演奏音乐，那台下的观众也会感觉很享受。同样地，如果制作人制作海报时很享受，那或许就能把这份享受传递给观看之人。海报中的模特店主就在海报附近，这一点也是海报展的独特魅力所在。对照海报看店主，在海报旁与

不买也无妨，先过来逛逛呗！

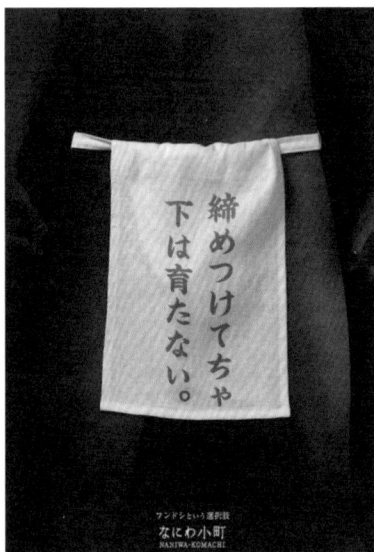

绑得那样紧，下身长不大。

店主攀谈，买那家店的商品，又吃又喝。有人说，那海报和现实间不可思议的关系就像是装置艺术[①]。那里有着在网络上观看作品无法体会到的真实感。

在新世界这个地方，商店街的店主、电通公司职员和自我祭的自由职业者良莠不齐。在此之前，我一直避免将工作和私人生活混为一谈。因为那会破坏为了转换心情隔开公司而打造的独自存在的个人世界。而这次我是极度的公私不分，甚至不是把私事带入工作，而是先有私事，然后再把工作，也就是广告强拉硬扯进来。不是我去接近广告，是广告拉我自己进来。我从未想过这种体验会让人如此轻松愉快。真是一个崭新的世界。

一天，一家叫"浪速小町"和服店的海报被偷了。那是一张男子下半身的照片上围着用真布做成兜裆布的精心之作。标语不同的海报共有 5 款，129 张中只有这 5 张都被盗。这等稀奇之事，我听说只会发生在偶像海报上。报纸和电台不知从哪里获得消息，竟然以"兜裆布海报被偷"为题做了报道，又成了新闻。无奈之下，我

---

① 装置艺术是指艺术家在特定的时空环境里，将人类日常生活中的已消费或未消费过的物质文化实体，进行艺术性地有效选择、利用、改造、组合，以令其演绎出新的展示个体或群体丰富的精神文化意蕴的艺术形态。简单地讲，装置艺术，就是"场地＋材料＋情感"的综合展示艺术。

们只得重新做了海报挂上，没想到挂上当天夜里再次被偷。"兜裆布海报再次被偷"登上了新闻。网上传言，说此次事件是电通为了引发热议自编自演的杰作，这当然纯属捏造。现在店铺一关门，店主就会把海报收进店里严加保管。

新世界市场的海报展在一片好评声中落下帷幕。参加展出的创意人都获得了很多奖项，这个企划本身也得奖了。我和新世界市场的会长泽野先生出席了在高轮王子饭店举办的隆重授奖仪式。在有序排开的获奖大企业广告中，我们一边调侃："我们的广告最不花钱"，一边品尝着不菲的自助餐寿司。

◆ 正式出道

新世界市场海报展接近尾声的时候，大阪商工会议所的堤成光先生联系我说："我想和你见面谈一谈。"实际见面后发现，他的相貌、声音以及那副不慌不忙的样子都与明石家秋刀鱼很像，十足的关西男子汉形象。堤先生负责振兴商店街，他希望我能在"商店街论坛"上谈谈新世界市场的案例。这是商店街业界的一大盛事，届时全国商店街的相关人员汇聚一堂，学习搞活商店街的新案例，构筑网络关系。会场设在大阪商工会议所的国际会议厅。场地庄严华丽，铺设红地毯，可同时容纳数百人。我用了短短15分钟介绍了新世界市场的海报展，并在最后结尾时说："如果各位感兴趣，请在调查问卷上写下希望举办。"结果约有20条商店街报上名来。"既然有这么多人感兴趣，那我们就一起办海报展吧。"其实我只是因为自我祭的关系，机缘巧合地在新世界市场开始举办海报展，也没有与其他商店街打过交道，更从未考虑过在其他商店街推广。作为

"商店街振兴项目"的重要一环,大家决定由大阪商工会议所主办下一次的海报展。

我去候选的商店街转了一圈,发现有的商店街太大,我们应对不了所有海报的制作工作,有的则规模过小,即便做了海报也很难引发热议。还有的商店街本就热闹非凡,没有必要再做海报,而有的商店街太过冷清,制作海报无异于杯水车薪。巡访 20 条商店街的结果,觉得位于大阪市阿倍野区的文之里商店街比较适合。那条商店街约有 50 家店铺,虽然现在冷冷清清,但我可以想象出因为海报热闹起来的场景。我选它最大的理由在于商店街的周边环境。那些年,阿倍野区相继建成了一些大型商业设施。而且,商店街附近有家超市,两个月后,紧靠商店街侧又会开出一家。在客流量急速变化的环境下,举办海报展或许能维持尚还不深的伤口。

我们制作了文之里商店街 51 家店铺的海报。电通关西分公司和电通创意 × 关西分公司携手,共 58 人 29 个组参加了海报制作,每个组负责一到两家店铺。因为举办过一次海报展,有了经验,心想很简单,结果麻烦事接二连三。上次因为有过自我祭,所以我与商店街的人都认识。而文之里的人与我完全不认识,他们不可能相信我这个蓄着胡须、披着长发的外表怪异之人,所以只能从外围做起。在事先召开的会议中,我已向商店街的干部们做了海报展的详细说明,干部们也去新世界市场视察过,充分理解海报展的意义,但他们没有传达到各个店铺。"海报展,那是什么?是要做有趣的海报吗?""是要给我们做我们喜欢的海报吗?"各种疑问纷至沓来,这样下去可不行。所以我带着沉重的 MacBook,一家店一家店地做目的说明。天棚底下盛夏的暑气久聚不散,我中暑了。

我觉得需要对店铺做进一步了解,所以对每家店进行了采访。

从鲤鱼变成鲤鱼干，也算是飞
黄腾达了吧！

我用照片和文章的形式把店铺信息汇总在一张 A4 纸上，做成简介表。制作该表最主要的目的是给参与制作的人做参考，有助于他们去思考选哪家店、该怎么来做。另外一个目的，是创造与店家交流的机会，让他们信任我这个蓄着胡子看着不够整洁的人。这样，我就给制作者打造了一个容易制作的环境。制作者们和新世界市场时一样，去店铺拜访采访后，思考企划。由于新世界市场的海报展深受好评，有些媒体希望从海报制作阶段开始就对整个项目做追踪报道。其中有 3 家电视台从创意人初次造访店铺开始就随行密切采访。

　　负责鲤鱼干店的石本蓝子和野村恭平团队将鲤鱼干雕刻后制成海报。听说鲤鱼干坚硬无比。负责鲜鱼店的小堀友树和茗荷恭平组，因店主活力四射，采集了店主的鱼拓，不，应该说是"人拓"。他们让店主只穿一条内裤，在其全身涂满墨汁，用一张很大的纸拓出店主的人形。那是张巨幅海报，横幅宽达两米。

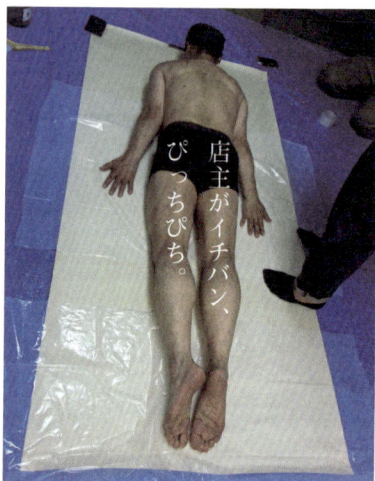

店主最是活蹦乱跳。

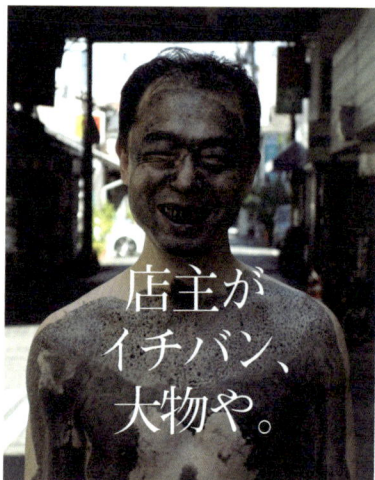

店主是最大的一尾鱼。

西尾三彦（店主）
垂钓场：文之里商店街鱼心
垂钓人：西尾三彦

体长170厘米，体重66公斤
2013年8月20日

制作者将完成的海报交到店主手里。与之前新世界的情况一样，店主像在看第一个出生的孙子一样盯着海报看。虽然看过多次赠送海报的瞬间，但还是能体验到分享幸福的美好感觉。

商店街的大部分店铺都从未制作过海报。广告制作人真诚倾听，了解他们的生意，做出了他们人生中的第一幅海报。踏实勤勉地辛苦至今几十年，第一次被放在聚光灯下。店主们突然成为主角，出现在公众面前。自己的人生被滑稽有趣地暴露在公众眼前，既害羞又高兴。店主们收到海报时的表情总是羞喜参半。

在平常工作中，我们几乎看不到社长欣喜的模样。虽说店铺规模不大，但也是拥有店中所有物件的主人。他们看到海报时开心的那份感动，直接传递给了创作人。还有人因此流下了热泪。自己创作的作品能给别人带来快乐，这是无可比拟的最大幸福。一位骨干设计师感言："这让我回想起自己想当设计师的初衷。"

200 多张海报在天棚下展出。帮忙布置的人和上次一样，还是春树和 Han，这次仍然没钱。商店街的自身结构无法采用新世界市场的竹棒搭法，结果只能把海报绑在挂着打折旗帜的塑料撑杆上。天棚里盛夏的暑气无法散去，我们每天就在这酷热难当的空气中持续作业。因为规模是之前的两倍，所以时间也要加倍。布置完工后的当晚，我、春树、Han 和商店街的江藤会长一起去了高架桥下的小酒馆，那一晚应该让人终生难忘吧。

　　海报展配合文之里商店街每年的例行盛事——夜市活动展开。来逛夜市的客人，在夏日祭典的氛围中，愉快地欣赏海报。因为很多媒体曾经报道过此事，所以除了前来购物的大阪本地顾客之外，还有从北起北海道、南至九州的全国各地来访者。偶尔进到中式料理店，听到两个大叔在聊海报展。"你看过文之里的海报了没？要去看一下哦。"我跟出租车司机说："麻烦开到文之里。"他回答我说："是那个有海报的地方吗？可有趣了。"自己的工作竟然脍炙人口到这种地步，真是有生以来头一回哪。

　　店主们的评价也非常不错。鱼心的西尾先生说："不是有那种一直盯着海报看的人嘛，我就上去跟他说：'那就是我啦。'嗯，就算没在我这里买鱼也没关系，只要一百个人当中有一个人成为我的顾客也是好的。"海报成了他接待客人的道具之一。美妆店多利安的店主也说："就算没能拉高销售额也没关系啦。只要有更多的人知道这里有个文之里商店街就够了。"

　　大阪商工会议所会长兼京阪电铁的 CEO 佐藤先生也来商店街看海报。本以为只是大人物的象征性视察，没想到佐藤会长在商店街里从头走到尾，还啧啧赞叹说，"这真的很有趣啊。我以前也做过广告员，很喜欢广告"，一边拿着 iPad 咔嚓咔嚓地拍下了几乎所有的作品。他请我在商店街的酒吧里喝酒，我和佐藤会长在狭窄的吧台肩靠肩喝了一小时，接着与 Han 喝。CEO 和迷途 40 岁的差别也太大了吧。

　　海报展开始两个月后，我们举办了"海报大赛"。我们模仿大选时的公告板，在三合板上展示了全部 51 家店铺的海报。最高奖获得者是大岛酱菜店，这家店还同时荣获标语奖，真是好事成双。在制作海报之前，大岛酱菜店已经决定关门。因为店主年事已高，不准备再做了。通常情况下，我们不会为再过几个月就关门的店铺制作海报，但店主希望我们能为了他经营了半世纪的酱菜店做最后的纪念，所以才制作了这样的海报。

　　在我讲述新世界市场海报展一年后，商业街论坛上举行了海报大赛的表彰仪式。在气派的会场大厅里，大岛酱菜店的爷爷跟跟跄跄地走上舞台，从佐藤会长手里接过奖状和奖杯。文之里商店街海报展在与下町商店街极不

海报？那要快点做啊！
我都要去见阎王了！

相称的辉煌豪华中落下帷幕。耗时一年的项目也就此结束。

后来发生了一个令人欣喜的意外。在海报展结束 5 个月后，即 2014 年的黄金周长假期间，因为某人在推特上的投稿，使文之里海报展在网络上引发热议。由一家汇集了商店街 52 张海报照片（活动结束后海报仍挂着）的网站起头，随后介绍文之里商店街海报展的网站链接出现并被转发，以至于海报展在中国台湾地区的网站中传开。不知谁将标题翻译成了中文，很多看了介绍的人纷纷从中国台湾地区赶来观看。那个时期得知海报展的人不少。网络上的热潮再次吸引电视台的目光，之前从未报道过海报展的东京主要电视台也开始报道。活动结束 5 个月后还能引发这样的热议，这在普通广告中是根本不可能的。因为留下了海报，才会发生这种情况吧。

海报获得了多项广告奖。商店街荣获日本中小企业厅"最努力的商店街三十选"。文之里商店街的海报展结束后，仍有不少来访者。地方自治体也来视察。即便在结束 4 年后，依然有韩国的人员前来视察。

我们离开后的今天，为了不让这把热火消退，店主们自发在商店街里播放 FM 广播，举办艺术活动，依靠自己的力量继续奋斗。

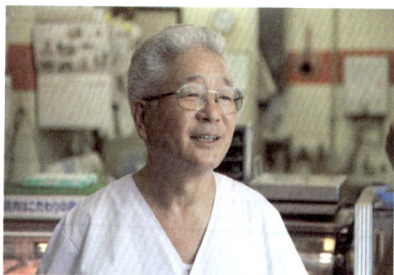

商店街的会长江藤先生说："以前我只一味考虑商店街里的事，不过现在能去考虑整个区域了。"就是这样，店主们的想法发生了改变。或许一直挂在店里的海报像一面镜子，映照出了自己美好的一面。

◆ 自主助销

商店街海报展经各大媒体报道后，变得名声大噪。"希望也在我们这里举办一次"，各地的类似邀请接踵而来。伊丹市便是其中之一，市政府的绫野先生拜托我们去与伊丹市西台地区的店主们见面。

西台地区位于阪急伊丹站西侧、一块300米见方的区域，过去曾是伊丹市的中心，后因阪神大地震遭到了毁灭性的破坏。再者，由于JR福知山线的双轨化，搭乘JR去大阪的交通变得格外便利，城市中心也从阪急伊丹站向东800米左右的JR伊丹站转移。西台几乎已经失去了往昔的风貌，逐渐成为住宅区内混杂若干店铺的安静区域。希望恢复往日盛况的店主们向我们发出邀请。在西台开中餐馆的甲斐、开内衣店的南方、开照相馆的松村、开理发店的浜田、开珠宝钟表店的山田、开咖啡店的筑山、开小酒馆的中本等西台有志之士云集。他们多为三四十岁的第二代店主。可能是因为年轻，他们个个壮志满满："我们什么都愿意做！"很想做些有趣的事。可这里不是商店街，是西台地区。我们不可能为区域内所有的店铺制作海报，只能挑选部分店铺，这就会让地区内出现有海报的店和没海报的店并存的现象。若是商店街，只要沿着道路一直走，就可以看到所有的海报，可这里却是散落各处，为了看海报势必要来回奔走。而且这里还没有天棚，一旦下雨海报就会被雨淋湿。直到那时我才发现商店街的条件真是得天独厚。西台不是商店街这点一直让我烦恼到最后。最终我还是决定在西台举办，为店主们的干劲赌上一把。在文之里做不到的，他们应该也能帮我们做到。

文之里海报展需要反省的地方很多。电视台在活动开始前就随同采访，我们事先知道媒体会进行详尽报道，吸引了不少顾客。所以呼吁大家搞特卖，可 51 家店铺中只有 5 家给出回应。结果就搞不清楚有没有在搞特卖了。如果店铺与海报能形成加乘效应，吸引过来的客人就直接能与销量挂钩，只这么一想就令我心情复杂。95%的人表示好评，5% 的人给出批评："海报展没能提高销量""只是让创意人把店主当成玩具而已"，甚至还有人写"广告代理在骗取补助金"。真是令人气愤。在新世界和文之里的海报展几个月的展出期间，我做了细致观察，发现海报可以吸引人流，把客人带到店门口，但不能提升销售业绩。客人会不会拿起商品来看，能不能让客人掏钱，还要看店铺自身的努力。就算海报再精美，店主如果只是坐在店里，客人也只会擦肩而过。放在店头的海报是与客人搭话的好道具，这样的机会不能放过。只有店主自己努力，客人才会掏钱买单。

能否牢牢把握住海报展带来的商机，自主助销至关重要。海报展一结束，我们的责任也就履行完毕。我们无法永远罩着商店街，因此需要与能自主助销的店主合作。在这点上，西台做得很好，他们一直没有停下奔跑的脚步。

新世界、文之里的经验让我确信，我们可以制作出质量上乘的海报，所以此次海报展我全权委托给了各位海报制作人，自己则着重引导店主们把积极性转化为行动。西台商店会的历史尚短，就算甲斐等商店会的干部们干劲十足，其他商店店主对状况还是不甚了解。这与文之里的情况相同。我决定这次由商店会替我去各个店铺说明情况。为了让商店会拧成一股劲，我给干部们提出了不少严苛的指示。商店店主们为了完成任务不断开会。西台的餐饮店很多，打烊后开始的会议总是持续到凌晨两点。

　　为了获得店主们的鼎力相助，我们首先举办了"店主自荐大会"。制作者在图书馆大厅集合，由店主花 5 分钟介绍自己的店铺。准备 PPT 的快餐店、头顶飞鸟头套讲解的调酒师、夹在双胞胎女儿中间宣传自家店铺的照相馆老板、操一口洋泾浜日语的印度餐馆老板等人，拼命给自家店铺做宣传。与广告代理不同，餐饮店和零售店的店主很少有在众人面前说话的机会，只有极少数的店主能够顺畅表达，大部分店主笨嘴拙舌，一副紧张而又不好意思的样子。手艺人在人前说话比较少见，店主们真的都很紧张，晚上连睡觉都睡不好。对于他们而言，这是一个回顾自己常年经营店铺的好机会。制作人根据自荐大会上的印象挑选自己想负责的店铺，着手制作海报。

　　过去的两次海报展，已经将店主形象和店主发言的手法发挥得淋漓尽致，所以要想办法做点不一样的。负责"阪神运动"这家运动用品店的佐藤朝子和佐山太一组，考虑到店主是球拍穿线的名人，特意用穿线来制作海报。负责"理容滨田"的三岛婧之和井上信也组，制作的海报是一张无精打采的脸，但那脸颠倒过来后会变成理发后的清爽面孔。

理容滨田　人生逆转。
女朋友，还没有。

我负责穿线，你负责赢球。穿线专
家末高店长的杰作。（可能是）世
界上第一张穿线海报。

　　从这次开始，我们邀请全体参加人员在图书馆大厅集合，并在那里赠送海报。这种方式不仅能看到所有的海报，还能让店主们分享各自的喜悦。送上海报的瞬间，看多少次都不厌。西台商店会甲斐会长的"开华亭"海报安排在最后呈上。海报的内容适合压轴。甲斐 20 岁时，时任店主的父亲生病，仓促之下他接手了这家店铺。他并没能从父亲身上学到什么，却想尽办法妥善经营店铺近 20 年。甲斐希望他过世的父亲能出现在海报上，松下康祐和小路翼两位制作人出色地完成了他的委托。甲斐强忍着泪水，没有哭出来，身为商店会代表必须刚毅。后来甲斐告诉我："当时哭出来就好了。"

親父！
開華亭 あの世支店、
あんまり繁盛させんなや！

味を継ぐ、想いを繋ぐ。
中華料理 開華亭

父亲！开华亭的阴间分店，
别让生意太红火了！

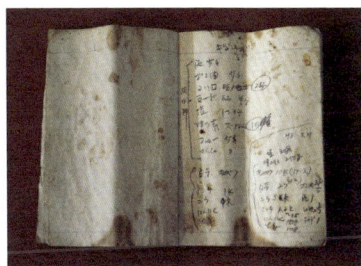

遺言はなかったけど、
餃子のレシピは遺してくれた。

味を継ぐ、想いを繋ぐ。
中華料理 開華亭

親父、三代目は
バスの運転手になる言うとるで。

味を継ぐ、想いを繋ぐ。
中華料理 開華亭

虽然没留下遗言，却留给我了饺子
食谱。

父亲，你的孙子说他以后要开公交车。

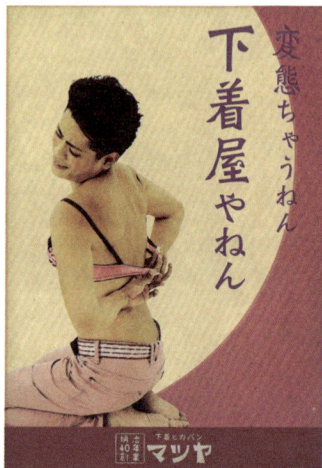

我不是变态，而是卖内衣的。

　　制作完成后的海报在西台各处张贴，负责布置的当然还是春树和 Han。内衣店"松屋"的老板南方先生看到令人害羞的海报张贴于店门口时，一副抱头苦恼的样子。

　　西台成了没走几步就能遇上海报的地方。为了让前来看海报的客人感受到更大的乐趣，我要求店铺想出"有趣的服务和划算的服务"。活动期间，凡是手持地图来到店铺的顾客，都可以享受"有趣的服务"或"划算的服务"。比如，理容滨田推出的划算服务是发用肥皂半价，有趣的服务是儿童剪莫西干头 1000 日元；贵金属专卖店丹尚堂的服务是耳环九折，以及佩戴价值 1000 万日元的贵金属拍照留念等等。我觉得让店主绞尽脑汁思考非常重要，所以对店主们的想法不置一词。

　　一对来自爱知县、当天来回的亲子，看到海报后来开华亭吃饭，口里说着"啊，今天真是太棒了"，心满意足地打道回府。一位来自龙野市的男子说："为了纪念海报展剪个头发吧。"说着就来到理容滨田理发后回家。在电视上看到开华亭报道、时隔 20 年重访故地的客人，热烈攀谈着上一代店主的回忆。北海道、冲绳甚至中国台湾地区也纷纷来人。他们欣赏海报，在餐厅用餐，享受店家服务。这个海报展能让客人既欣赏海报，又享受店家服务。中餐馆开华亭的销售业绩提高到原来的 1.5 ~ 2 倍，海报终于和营业额挂上了钩。

西台的餐饮店之间相互都有交流，但餐饮店和照片店、理发店、零售店等虽然同处一地，却并无往来。几度召开深夜会议、举办活动后，店主们都变得一条心，从之前的点头致意变成了战友。他们从这次的成功中收获了自信，今后应该会凭借自身的力量把西台搞得更加繁荣吧！时至今日，我还与那些店主维系着友情，开华亭的甲斐生日时我还送过"饺子王"饺子当作礼物哩。

◆ 花

八重岛拓也带着一大堆仙台名点"萩之月"（注：是仙台具有代表性的特色点心。颜色金黄，宛若明月。在松软的海绵蛋糕里面包裹着老店特制的牛奶蛋糊）来到大阪。他是来推进河北新报社的赈灾活动"现在能做的项目"的，河北新报社号称宫城县报纸发行量最大的报社。他说他想在灾区女川的临时商店街举办海报展。预算并不宽裕，但萩之月的美味、八重岛的认真劲，还有体现他认真劲的萩之月数量，再算上我自己对灾区的绵薄之心，让我立刻应承下了此事。从 2011 年地震以来，我一直都在想什么时候能为灾区做些什么。

地震发生一个月后，我有事造访青森。因想借机去看看受灾情况，就在青森市租了辆车前往八户，再从八户沿太平洋海岸的国道

45 号南下。我在新闻上看到八户港口遭受海啸袭击，所幸并未受到多大的损毁。我持续南下一段时间，没有遇上特别的变化。美丽的海岸景色明媚。从临海进到山间道路，再驶向海边时，发现那里村落全无。护栏像裙带菜一样弯曲变形。从那里开始就没再看到沿海村落了。导航显示那里有村庄，可眼前空旷一片。海啸魔爪扫过的痕迹让我震惊，我将救援物资放在临时住宅后，逃难般地离开了灾区。我什么也做不了，无能为力地回了家。自那以后 3 年，我终于能和灾区挂上钩了，而且还是因为工作。真是机会难得。

　　我现在能做的就是制作海报，利用我在大阪的经验策划一场海报展。问题是谁来制作海报。率领大阪的工作人员前往当地，路途遥远且耗资巨大。海报制作只能依靠当地人。更重要的是，当地的事由当地人完成才最好。只是当地的广告制作人，我一个也不认识。我正在为是否可以启用当地学生倍感烦恼时，因为其他事情，被叫去了东北。我受南三陆町的制作人铃木淳先生的邀请，担任他主办的"搞活地域经济沟通讲座"的讲师。我拜托铃木淳先生给我介绍几位仙台的广告制作人，他爽快地答应了。从南三陆的演讲回来，我顺道去了仙台，参加铃木淳先生帮我安排的聚会。在仙台包场的意大利酒吧里聚集了二十几名创意人，意外的是他们竟然都是仙台广告界的核心人物。我原以为铃木淳先生只是一位好脾气的伯伯，没想到他的人脉竟如此之广。我一下子闯入了仙台广告界的中心。在陌生的土地上，被这么多不熟悉的创意人围在中间——这样一个超局外的环境中，我和"现在能做的项目"领队石井弘司先生一起，厚着脸皮向那些初次见面的人提出了请求："各位能不能义务帮忙制作海报？"

　　当场出现了很多意见。如：在受灾地区制作有趣的海报是否有欠谨慎？真的存在自由创作的环境吗？当义工还好，但交通费也要自掏腰包吗？每个人的态度冷热不一。不过，身为仙台广告界老大、电通东日本仙台分公司伊藤光弘先生的总结陈词令当场的会场氛围发生了转变："地震已经过去 3 年多了，我们一直在踩刹车。是时候该加油门了！在仙台从没有过这样能自由创作的好机会。一旦错过，也许不会再有第二次。我觉得应该做。"

此言一出，所有人都来了劲，话题立马转移到了如何实现等更具体想法的讨论上。"继鹿儿岛之后，终于也轮到仙台崛起了吗？"我当时的心情就像达成萨长同盟①的坂本龙马一样（有关鹿儿岛的部分容后再述）。

自仙台那一夜后，局势大转，愿意制作海报的人纷至沓来，连电通的商业对手东北博报堂的野口健太郎先生也加入了我们的阵营。仙台广告业协会全力支持，还有来自山形、东京、大阪乃至冲绳的创意人，竟然汇集了声势浩大的 60 人左右。参与的店铺也顺利召集完毕，当初只是计划在临时设置的"希望之钟"商店街开办海报展，结果连整个女川町的共 42 家女川店铺和企业也参与了进来。

第一次去到女川，我对它的印象是无色的。那里只有最低限度的基础设施，剩下的都是空地。天色阴沉，毫无颜色。我进入了这座灰色的城市，小心翼翼地向当地人确认店铺的事、地震的事、逝者的事，还有接下来要做的海报的事。不过，与我的小心求证截然不同，女川人倒是都很爽朗，一个个笑脸迎人。他们需要开心的事。女川去得越多，越能感受笑容背后隐藏着的悲伤——对过去的哀悼、对未来的不安。介于过去和未来的当下，他们用"只能微笑"的觉

---

① 萨长同盟是日本江户幕府时代末期，在萨摩藩与长州藩间缔结的政治军事性同盟。

悟和坚强来支撑。尽管程度有多有少，但这就是女川人的心境。

　　为了宣传海报展，我参加了当地社区的广播节目，与当地推进区域振兴的冈裕彦先生一同上镜。冈裕彦先生曾在女川经营一家名叫"Diamond Head"的小型展演空间店。但因为海啸不得不关闭。目前在临时店铺中开了一家咖啡馆兼社区空间，取名"喝茶俱乐部"。他既是冲浪手，也是吉他手，还是女川传统狮子舞队"MAMUSHI"的队长，主要负责女川祭典。冈裕彦先生是令人憧憬的为数不多的"傻瓜"和受人尊敬的大人。他就灾后即将到来的第四个 3 月 11 日说道："无论是灾后第三年还是第四年都没有关系，从那天起流逝的都是女川时间。我们置身于透明的吸管中，受到周围人的极度关注。但我们无法去到吸管外面，就算想出去也出不去。"

　　我们能将这样一个处于吸管中的女川制成海报吗？能够完整吸收女川人的想法吗？并不是制作出令人开心的海报就行的。大家在无法排除这种迷惘的情况下，继续着海报的制作工作。

　　我朝着寒冬中的女川进发。海风如剃刀般刮在外露的皮肤上。开完说明会 3 个月后，我们在女川气派的酒店大厅举行了赠送仪式。创意人和店主齐集一堂。到了最后一刻，我还是比较担心，我们这样做会不会落得个不够谨慎的名声。但是，女川的店主们笑意中带着泪花。制作完成的海报很是出色，里面几乎都凝聚着女川精神。虽然没有像大阪那样爆炸性的有趣作品，但海报是既有趣又坚毅，很有女川的风范。特别是写着"我不是个性开朗，而是让自己开朗"的木村电机商会的海报，很好地诠释了那种精神。海报将店主和仙台制作人内心某处的想法"差不多快到笑笑也无妨的时候了"以眼睛可见的形式展现了出来，而公然承认他们这种想法的许可证就是海报。

我不是个性开朗，而是让自己开朗。

我们必须把制作完成的海报布置起来。我从大阪请来春树，春树又叫来了住在石卷的阿丘。春树出身气仙沼，地震过后曾在当地做过一段时间的岸巡队员，后来来到大阪。阿丘是大阪人，去福岛做过赈灾支援者，后又回到大阪。现居石卷。曾在新世界一起玩耍的3个人现在都在女川。我们因为地震坐立不安，想在大阪展开行动，而现在竟然都同在灾区，真是不可思议。仿佛是从灾区获得的能量在大阪生根发芽后，又重新回到了灾区。

大雪纷飞的日子，我们在临时商店街和各店铺檐下布置海报。制作人简直就像在种花，将制作完成的花一朵朵地栽在商店街中。镇上的人看到那些花，都展露出如花笑颜："好有趣啊。"我们一直想做的，就是让这个城镇开满花朵，让海报之花从2月绽放，到5月枯萎（其中还有残留的花朵）。最后，我意识到了这点，离开女川。

海报展开幕那天，河北新报社在报纸上对此次项目和海报做了介绍。报纸全版、整整五大面，我没想到会占据这么大的篇幅。这全是石井先生和八重岛先生努力的结果。报纸的影响力很大，以仙台为中心掀起了热议。两家电视台专门制作特辑进行报道。看到特

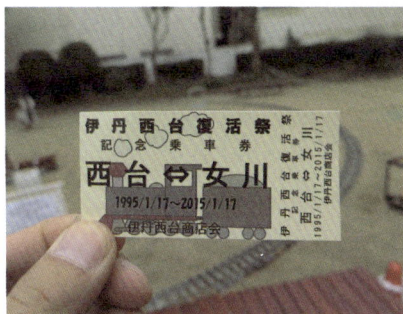

推特（即推特）？我不推文
（Tweet），只推串烧。

辑的中心局（key局）又在全国网络上报道，消息广泛传播开来。
第四年的3月11日临近，加之海报展与之前的灾区支援截然不同，
"富有幽默感"，所以在电视上反响巨大。莅临灾区视察的威廉王
子也来观看了海报展，虽然我不知道他是否都能看懂。

　　女川与伊丹西台两地的海报展，举办时间恰好重叠，所以西台
的店主也去了女川观看海报。2015年1月17日是阪神大地震发生
后的20周年纪念日，西台的店主们在伊丹举办"伊丹西台复活祭"。
他们在公园里设摊，展示迷你蒸汽火车，还设置海报投票站，叫来
吉祥物。同样是灾区，所以更想为女川做些什么，西台的参加人员
承担交通住宿费，邀请女川町观光协会的远藤前来。远藤和西台的
各位一起，出售女川特产秋刀鱼鱼圆汤和女川物产等，募集捐款。
海报成了连接陌生人之间、地方与地方之间联系的纽带。

海报展开幕一个月后，我来到女川。遭受海啸破坏的女川车站焕然一新，那是为了配合"女川复兴祭"的举办。车站前的广场上设了很多摊位，很多参加海报展的店铺也来摆摊。他们用我们制作的海报装饰摊位，挂置海报吸引客人。串烧太郎的海螺得到海报的助阵，被一扫而光。海报发挥了不可小觑的作用。花又绽放了，为女川的祝福增色添彩。

一年后的 2016 年 3 月，我又去了一趟女川。据说店铺的新址已定，货柜屋村商店街被拆除。"希望之钟"商店街还在，那里的海报也还留着。店铺外墙上贴着的海报早已破旧褪色，不过依然装饰在那里。这是因为受到了女川海风的锻炼，变得越来越坚韧了？

我去中餐馆金华楼吃中餐。这里的大厨将自己全部呈现在了海报上，没有一丝保留。"好久不见。"我向他问好。

"你去车站前的步行道了吗？那里有很多人在散步。我已经很久没在女川看到这般光景了。这就是'城镇'吗？我想'城镇'真是个不错的地方。"

步行道从车站笔直延伸到海边。朝向海边有个坡道，呈下坡走势，让大海看起来更为宽广。两侧是小木屋风格的建筑物。为了增加采光而设计成大扇窗户的咖啡屋、杂货店鳞次栉比。步行道上播放着爵士乐，让人仿佛置身于美国东海岸街道。那些建筑里的店铺，有好几家都参加过海报展，他们把海报直接从临时店铺移来，贴在店门口上，虽与爵士乐有一点不搭调，但在时尚的步行道上的确很扎眼。我说："谢谢你们用海报装饰店面。"店主们腼腆地向我点头示意。

◆ 渗透和扩散

　　飞机越过眼看就要变成灰色的淡蓝色濑户内海，降落在国东半岛的前端，穿过云雾缭绕的山峰和别府的温泉氤氲，抵达大分市。2015年4月16日，巨型复合商业设施JR大分城在大分车站开张营业。电通九州的今永政雄先生问我，是否愿意帮忙筹备开业宣传活动。今永先生是我在东京时的前辈，现在回到了当地的九州。大分车站前的商店街范围很大。他们有让JR大分城和商店街共谋发展的想法，所以需要一个懂商业街的人，于是千挑万选选中了我。

　　我在当地看了一圈，发现大分市中心有不少颇具魅力的店铺。美味可口的餐厅自不用说，还有东京、大阪等地十分常见的估衣铺和古董店，以及一不留神待上两小时的咖啡馆、电影良心成果似的迷你小剧院等。我对大分知之甚少，单纯感觉它不过是个小城市，我杀了四十万条鱼了吧。

但其实是个充满文化气息、气候温和、海产品丰富的城市。

参与人员有客户、本地人、电通九州职员和我，虽然大家的立场各不相同，但我们为了如何展示大分的魅力，几度开会讨论。最终得出的结论是：制作终极导览手册。向来到车站大厅的来客分发导览手册，吸引他们到市中心的商店街来。我们想通过这种策略，让城市变得热闹繁荣。我任总编，精选了大分 26 家名店做海报，采用右边页店铺海报、左边页报道该店文章的形式。海报由电通九州的职员制作，报道由当地的生活资讯杂志社撰写。不过这次海报制作的时间很短，之前海报的制作周期有两个月，而这次只有两周。

电通九州的职员都住在福冈。为了制作海报，公司赶忙将其中的 12 人拨来大分。我以为福冈和大分离得很近，不想却要两个小时。大家都聚集到了大分商店街的办公室。我就此次海报展的宗旨和以

前的海报展做了说明，并拜托他们自由创作海报。所有人的眼睛都
熠熠发光。所剩时间不多也成了演绎乐趣的一部分，大家不顾一切
地着手制作海报。

电通九州的文案撰稿人米村拓也，以前一边在熊本的高速公路
服务区煮乌冬面，一边在文案学校读书，现在刚进电通九州。他对
商店街的海报展非常熟悉。"真没想到我也能参加。"——他设计
海报时就像实现了梦想的青年般散发光芒。他在兼作采访的迪斯科
酒吧表演了霹雳舞。独具特色的女性撰稿人渡边千佳将所有的广告
做成短篇小说的形式，制作出非常有实验性的广告。

海报伴随着车站大楼的揭幕送出。海报的赠送场面真是百看不
厌。导览手册很快分发完毕，而海报则在大分各店中继续展出。

受海报展激励的鹿儿岛自由设计师们，组成名为"不请自来设
计鹿儿岛"（简称 ODK）团队。这个团队的设计师志愿者们，虽然
没有接到委托，却奔赴各地，凭借设计的力量试图将各个地域变得
更好。他们本着"不请自来"的原则，到不会有设计报酬的地方，
动用设计的力量开展活动，将那些缺乏活力的地方变得充满生气。
他们的第一次活动于 2013 年 5 月展开，12 名设计师在鹿儿岛东边
的日置市吹上町制作了 12 张海报。第二次活动是在鹿屋市为 28 家
店铺制作海报，第三次
是举办一场萨摩町温泉
海报展。他们甚至还设
计了东海甑岛的大渔旗
等。第一次活动时我还
给出了一点建议，而后
他们自主推进活动，几

女澡堂，平安无恙！今天的维和
活动继续开展！平和温泉中心。
萨摩町温泉海报展

配上香甜的巧克力豆，酥脆可
口，好吃极了。
三津町海报展

乎独立到无须我介入的程度，真
是意义非凡。

在松山，爱媛大学和松山商
业学院创意校的学生，在稍稍远
离松山市中心的港口城市举办了
"三津町海报展"。爱媛大学法
文系山口研究会的学生来到大
阪，满腔热情地将举办海报展的
新世界、文之里、伊丹等地参观
了个遍。千叶县船桥商店街由店
主自己单独制作海报。千叶县松
户市由商工会议所的年轻成员筹
备。相关活动还扩展到了德岛县
北岛町、地铁神户、奈良下御门
商店街、新潟古町商店街、三岛
市和高松市等地。

◆ 大阪风格的海报

海报展扩大到了商店街以外
的地方。我再度和大阪商工会议
所的堤成光联手，举办了"大阪
检定海报展"，旨在增加大阪商
工会议所主办的"大阪检定"考
生人数。我们把大阪市营地下铁

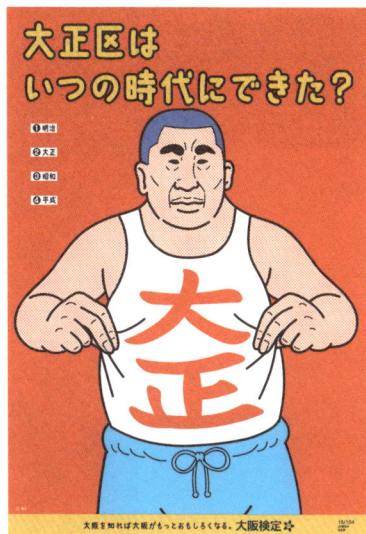

大正区是何时设立的？

请从下列图案中选出正确的"惠比寿神"。

和 JR 环状线共 95 个车站以及车站周边的相关问题都做到了海报上。我、大阪商工会议所和铁路公司的相关人员负责想各种问题，还和身为后辈的艺术指导井上信探讨了何谓大阪风格的设计，最终决定使用五彩缤纷的颜色。同为后辈的小路翼花了整整一个夏天的时间绘制插图。得益于海报的宣传效果，考生人数增加了三成。第二年更多的铁路公司加入进来，除 JR 和大阪市营地下铁之外，范围扩大到近铁、南海、阪急、京阪、阪神、阪堺共计 104 个车站。我们还应大家要求，出售收录海报作品的书籍。

◆ 曙光

海报变成更直接、更有益于社会的一种形式。2017 年 5 月，为全国 69 个非营利组织制作海报的"社会报告展"拉开序幕。这项活动是与日本非营利组织共同举办的，电通集团的创意人制作了北海道到九州的非营利组织海报。

电通总公司协助非营利组织活动的田中找到我，希望能以商店街海报展的方式来做非营利组织的海报。我爽

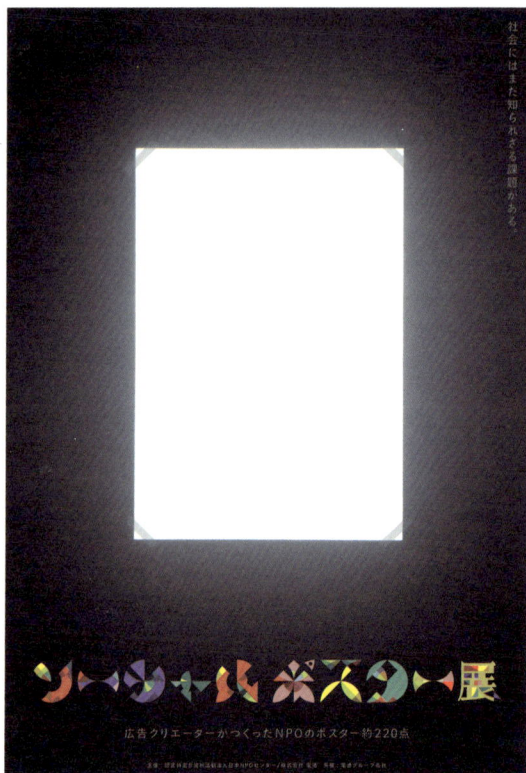

社会上还有不为人知的课题

快应承："很好啊，那就一起做吧。"然而，这次活动却与我之前做过的海报展看着相似实则不同。非营利组织致力解决的社会课题，活动内容并不是一下就能理解的，不像鱼铺、酱菜铺那样众所周知，光是向人说明就很费时间。怎样才把这些内容体现在一张海报上呢？而且有些团体致力解决的社会课题非常严肃且敏感，不能像平常一样只追求"有趣"。我观察过企划的过程，发现参加者们甚是头疼。如果能见面沟通，方案的修正和方向确定就会快很多，可参加人员比想象中的多，北海道到九州的实际距离又很远。仅是邮件

联络，有些想法无法传达。我每天都被焦躁不安的情绪和大量的海报掩埋。胸闷，啊，好累，过着每天都不想看到海报的日子。不过，那种辛劳在看到海报成品的一刻烟消云散。这些海报分别照亮了社会的阴暗面，将它们放在一起欣赏，既炫目又神圣。参与石卷灾后重建"石卷 2.0"（ISHINOMAKI 2.0）振奋人心的海报、用无家可归的流浪大叔拍摄到的照片做成海报的"流浪者之家"（Homedoor）、大阪少见的"想想地球"（Think the Earth）美丽高尚的画面、插图和文案幸福结合在一起的"美丽妈妈"（Madre Bonita）、充分发挥大阪市商店街海报展发源地风格的"声语心之屋"（Cocoroom）等丰富多彩的作品集结。札幌、东北等小城市地区的创意人抱着绝不能输给东京大阪的决心，创作出了精彩纷呈的作品。部长级别的老手团队，打着一流创意人的旗号，如新手般全力以赴地投入海报制作的工作。

在海报赠送仪式上，创意人们拼命解说自己负责的非营利组织，甚至比那些应该有很多话想说的非营利组织成员更加热情，他们就非营利组织的事情侃侃而谈，仿佛就是非营利组织的广告成员。当我这样想的时候，这场海报展的目的之一业已达成。日本非营利组织中心的坂口先生说："比起制作海报，本次海报展更有意义的地方在于，让普通企业的员工着手社会课题的解决。"最后我终于理解了他说这话的意思。此类活动必须长久坚持。因为社会课题越多越需要非营利组织，而非营利组织越多，就越是离不开海报。

亲自喂母乳消耗的体力等于打一
场美式足球。

讨厌只是重建本就令人生厌的街道。

在零工街我骄傲。打发时间嘛，好
过在家发呆、对着天花板干瞪眼。

无家可归的流浪大叔所拍。

◆ 广告可以自由到什么程度？

我的办公桌前围坐着两位西装革履的稀客，公司里负责报纸的久安和星原有事找我商议。2015 年秋天，大阪将举办日本新闻协会大会。所以，他们希望借机做点事来彰显报纸广告的可能性，想在报纸广告上尝试类似商店街海报展的企划。于是，我想到可以将同一个广告主的广告全版刊登在《朝日新闻》《每日新闻》《读卖新闻》《日本经济新闻》《产经新闻》五大报纸上的办法，广告的内容不是同一种，各份报纸都可以各自改变表现形式。一名文案撰稿人和一名艺术指导组成一队，共设 5 组。比如，A 组负责《朝日新闻》，B 组负责《每日新闻》，诸如此类，都用同一个主题来制作报纸广告。

虽然会向客户收取费用，但制作原则与海报展相同，即允许自由发挥，制作由我们全权负责。广告主在广告刊登之前不知道呈现的内容，也不对海报做任何确认，直到在报纸上刊登后才能看到广告。这是一个非常具有挑战性的企划。

我们对广告主进行了征集。因是特别企划，所以收费比正常情况便宜。以合理的价格在五大报纸上全版面打广告，而且能刊登独一无二的吸人眼球的广告——虽然这种方式魅力十足，但制作全权委托对方这点成为瓶颈，几乎所有的广告主都对这个条件犹豫不决。虽然有人提议放宽规则，但若是在这点上让步就失去意义了。我坚决不同意。因为在报纸广告中，"将广告全权委托创意人"的做法前所未有，具有向社会提案的意义。结果，近畿大学报名参加。广告部长世耕石弘也举手参加，他说："虽然可怕却很有趣，我也想试试！"迄今为止，近畿大学已经做过好几次具有挑战性的广告，正因为如此，这次他们才会应承。

我现在正在接受世界测试。

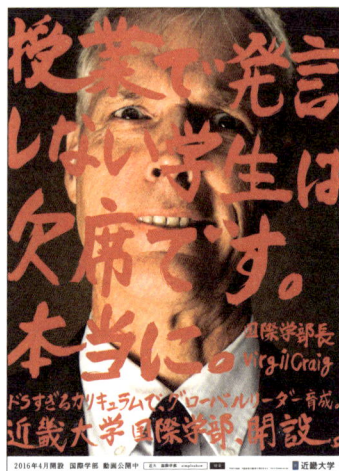

上课不发言的学生视为缺课。我是认真的。

海报展的5组精英团队为近畿大学新开设的国际系制作了广告。其中最有人气的，是用教师的恐怖照片表现国际系严格教学风格的系列，以及描绘英语必需的有趣场景系列。同一个主题萌生出各种不同的视角。如果只是摆放在商店街一角的海报还好说，但面对全版刊登于报纸、暴露于众目睽睽之下的广告，近畿大学还是将不干涉制作的约定坚持到底，对此我们唯有感谢和感叹。

◆ 广告可以自由到什么程度？之续篇

有一天，我接到公司某位陌生业务员打来的电话。他说，大丸·松坂屋的负责人想找我聊聊，问我能否哪天去趟东京。我与这家公司的关系，无非只是在大丸买过衣服，在松坂屋的名古屋店吃过鳗鱼饭。我去东京听了他们的意向后，才知道他们为了纪念大丸创业

300 周年，想制作 300 名员工的海报。负责人秀岛麻友子是"商店街海报展"的铁粉，她想在 300 周年的活动中举办海报展，所以才找的我。新世界角落里萧条商店街中悬挂的海报，居然也能在历史悠久的一流企业大丸 300 年周年纪念中挑大梁，真让我感慨万千。因为人手不够，300 人的规模实施起来非常困难，所以最终调到 100 人后启动企划。首先，我们从全国的大丸·松坂屋中选出了"最闪耀的一百人"。除了女装、男鞋、外销（派人走出店铺推销）等符合百货店形象的人员之外，还从总机室到保安，进而总公司法务等后勤工作人员中选出多名员工，最终集齐各具特色的 100 号人。

接下来就只剩海报制作了，不过此时存在两个难题。一是如何满足客户的要求。他们希望哪里的店就由哪里的创意人负责。大丸·松坂屋遍布札幌、东京、静冈、名古屋、京都、大阪、神户等地。如果只是关西地区还能想想办法，但其他地区就只能委托他人了。我走访全国拜托相关人员，最终各地的电通集团公司接下了此项工作。

其二是作业流程的问题。商店街海报展的规则是制作人全权决定表现形式，最开始的时候采访，之后只要完成作品即可，不存在中间确认方案的简报。过程中的意见确认等一系列程序也全部省略，所以才能有强烈的表现效果。但这次要做的是大丸·松坂屋的海报。大丸有 300 年的历史，松坂屋的历史也超过 400 年，他们真的会同意这种做法吗？这是关键。如果按常规的做法确认来确认去，势必会让表现变得圆滑，更伤及商店街海报展的根本。虽然客户也理解商店街海报展的优势，但仍对全权委托、不加干涉的做法犹豫不决。最终决定草稿（手绘图纸）由客户确认，而之后的步骤他们就不再过问。有些草稿客户会立刻点头，但有些草稿需要修正多次。不过，草稿一旦定下来，就不再做任何修改。每位制作人直到最后都在专心提高海报质量，只为制作出出色的作品。

完成后的海报会赠送给各家分店。我们筹备了盛大的赠送仪式，在各店店长的见证下，制作人亲手送出海报。收到的人都很开心："能将我做成海报，真是一辈子就一次的事，好感动啊""我要努力工作，不让海报蒙羞""希望能帮忙去掉点皱纹"。

参加过几次赠送仪式后发现，成为海报主角的员工都是大丸·松坂屋的全明星阵营。无论哪家企业，若想要选出 100 名代表，应该都能挑出满意的人选吧！能够为这些富有个性的优秀人物制作海报，本身就是一种幸运。

在大丸梅田店的赠送仪式上，小山店长说："品牌是由大家创造的，本次活动就如实地体现了这一点。"拥有 300 年历史的企业说起话来分量十足。百货店是靠品牌一决胜负的。正常情况下，品牌管理由总公司决策，再扩散渗透到各分公司各分店。而本次活动却是由各地区各分店的众多个人来构建品牌。如果说一般的品牌是演绎式的，那它就是归纳式的。不是自上而下，而是从下到上，以这种方式装点大丸的 300 周年。

头脑清晰的公司前辈藤野先生评价说："海报展真是民族志创意啊。"民族志（Ethnography）是文化人类学、社会学的专用词语，是基于实地考察，对集团或社会的行动模式进行调查记录的手法，最近作为市场营销中较为有效的调查手法备受关注。我们当时并未想到要用民族志的手法，而是对大丸·松坂屋的各地员工进行了实地考察，并对考察结果进行了创新，进而发展成了"民族志品牌打造"。也就是说，通过大丸·松坂屋个人的聚集，打造出大丸·松坂屋的品牌。这与从大丸·松坂屋的企业整体出发来展现，结果截然不同。

京都的顾客，个个独具慧眼。所以，今天我也四处跑跑。

京都的顾客，个个独具慧眼。今天我也要去造访。

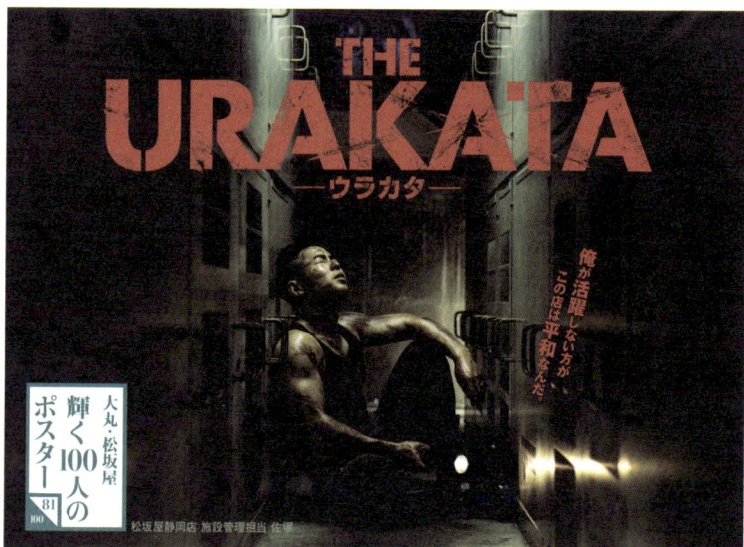

我没什么事，这家店就没事。

女人心，学习中。

这次并非由东京和中央主导，地方才是主角，这是我一直向往的目标。能在历史悠久的百货店达成这一目标，我欣喜无比。而且，这是既可以收钱，又能测试广告制作能自由发挥到什么程度的实验。草稿之前要获得客户同意，其后就可以自由发挥。这种程式成了我制作广告的一大指标。

◆ MV（音乐录影带）做过头了

修剪整齐的刘海下可见圆形的漂亮前额。一双中立看待一切的大眼睛。身形小巧，饭量十足。我和刚从新宿演播室结束练习的三户夏芽在家庭餐厅吃饭，听她讲述自己喜欢的漫画和趣闻。

数九寒天，索尼音乐唱片公司的薮下、佐藤和铃木来到没有暖气的皮卡空间，拜托我为从模特转型为歌手的三户夏芽的出道助力。制作人是中田康贵，继卡莉怪妞①、Perfume 之后，中田先生的第三张必杀王牌就是三户。这可了不得，了不得啊。就我可以吗？是因为认可我才来找我的吗？

三户隶属 ASOBISYSTEM②。一提到 ASOBISYSTEM，就不得不提名下的卡莉怪妞，这家公司是原宿"可爱"文化的缔造者，气势恢宏。工作从原宿市中心委托到了新世界中心的我这里，真是让人开心。

不过，我到底要怎么做才好呢？中田先生曾经策划过的艺人都很有个性，若我处理不当，就会变得毫无新意，必须采取些不同以往的做法才行。我想，他们正是看中这点，才选中我的吧。

---

①　原名竹村桐子，1993 年 1 月 29 日出生于京都，日本女性模特、歌手及商人。主要在服装杂志 *Zipper*、*KERA*、*HR* 活动，是代表青文字系的模特之一。

②　这是日本的一家策划和媒体运营公司。

三户是东京极具人气的模特，奈良人。毕业于大阪服装学校，特别喜欢搞笑和面食。说起话来好用关西话的第一人称"我"（うち）作主语，为人爽快不做作。齐平的刘海发型表明她不仅可爱，还很有趣。

我在企划书中写下了"中田康贵 × 关西作派"的方案。她的关西作派，再配上中田先生，就能开创出一片新天地。那么，什么才是关西作派呢？我的脑海中立马浮现的是搞笑，但我不想随随便便就朝这个方向走。关西作派应该按照关西艺术的作风来进行，而不是搞笑。我决定了，所谓关西作派，就是"先做着再说的精神"。电通的很多艺术指导都毕业于东京艺大、武藏野美大、多摩美大、金泽美大等著名艺术大学，而且他们当中很多是成绩优异的精英。不仅知识丰富，绘画技巧娴熟，且制作背后都有雄厚的技术力量做依托。而我在大阪遇上的那些人不仅没什么知识，而且画技拙劣，却有着一股"不管三七二十一先画了再说""先做起来""先唱一下"的气势。虽然缺乏技术，但表现欲强烈，所以能够达到某种境界。大阪的艺术、音乐等文化得以成形，部分原因正是这种精神。就像朋克音乐，只要一把吉他在手，即便没有什么弹奏技巧，也能弹拨出声音。朋克通过这种能量碰撞去叛逆，大阪则容易走向幽默。画插画、独自思索时尚的三户自己亦是如此。所以，我决定用"先做着再说的精神"来制作三户夏芽的相关企划。

首先是拍摄艺人照片。一提到三户就想起奈良，一说到奈良就想到鹿。我作为摄影师来到奈良公园拍照。

第二步是着手制作专辑封面。出道专辑摆放在店头时，要给人以强烈的冲击感，但更重要的还是要能彰显三户的个性。我思忖再三，决定采用后辈设计师市野护眼睛熠熠发光时的提议："我想用

刘海当作 CD 的腰带"，并直接将其落到实处。

　　再下一步是录制出道歌曲《刘海剪过头》的音乐录影带。我决定邀请具有"先做着再说"精神的艺术家来拍摄，不过单做一部音乐录影带让人心里没底。也许是因为之前创作的数量超多，所以这次不多做几件就不甘心，这可能也是种病。结果我委托了 11 位影像制作人，他们全都与关西有些渊源。神田旭莉是位初出茅庐的影像制作人，一边在百货店里售卖不时尚的蛋糕，一边创作影像。美琳奴（Merinnu）是造型师，因兴趣爱好制作过人物众多、吵吵闹闹的影视作品。公司后辈藤井亮是武藏野美术大学毕业的艺术指导，同时还兼导演拍些使坏的 B 级片（注：拍摄时间短且制作预算低的影片）。小路翼是出道两年的新手艺术指导，因学生时代创作过奇妙的影片，所以让他以影像制作人的身份加入。宫本杜朗是关西电影界年轻一辈中的新星。大熊一弘是我东京时候的玩伴，虽然在东京居住了 20 多年，但还是满身关西气的奈良出身的广告导演。坂本涉太本着"先做着再说"的精神，制作了关西独立乐团的影像作品，一下蹿红，在东京十分活跃。Ben 创作的世界观与三户最为契合。他制作的影像可爱，幽默，天马行空。曾是自我祭主要成员的 Makonehan，我本以为他不过是一介外行，没想到竟是制作 NHK 音乐节目《大家之歌》的动画专家。像自动销售机上标"？"的地方到底会掉出什么饮料这种事，就交给 Kotakeman 了。

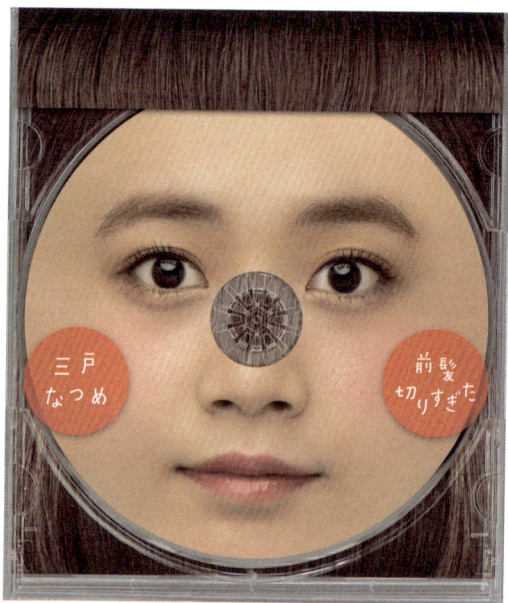

我向全部 11 位导演说明制作主旨并提出委托事宜后，他们出现了如下反应："是每个人制作作品的一部分对吧？""不对，是一人制作一部影像作品。""什么，你是说真的吗？"

伊势田胜行平时在物业管理公司上班，同时还画漫画。他年近半百，从学生时代起就一直给少女漫画杂志投稿。但每次投稿都不过，一直未能出道。不过伊势田从不气馁，不断有新作诞生。他不仅制作漫画，甚至还把漫画做成了动画。他自行绘制赛璐珞动画①的手稿，并用家用摄影机拍摄编辑。配音也全由他一人搞定，无论是男学生、女学生、小孩，还是警察、外星人，都是他的声音，所以看他做的动画片很难辨识到底是谁在说话。动画的主题曲也是他自己作词作曲演唱的。他还扮成动画里的角色在人前演唱。所有一切都在伊势田的世界里完成。我拜托他去绘制以三户为主人公的少女漫画，并做成动画。两周后，伊势田用陈旧的大丸包装纸包着光碟成品送到我手中。第11部影像作品的第一棒就是它，我把它上传到了YouTube上。"这都是些什么玩意儿？""是哪个歌迷擅自制作的？"舆论一片哗然。真是太完美了。将伊势田和中田联结在一起的那一刻，我就确信这个企划会成功。

对于其他10个人来说，伊势田的作品给他们造成了莫大的压力。若是按照寻常思路出牌必败无疑。大家都以自己独特的切入点和手法，交出了充满个性的提案。

摄影大赛开始了，需要两周内马不停蹄地拍摄，因为还有10部影片要拍。他们让三户拿着白菜跳舞，在她脸上涂画，塞入篮框，在奈良深山里手持不倒翁，在中野商店街跑来跑去，真是花样百出，无所不用其极。

《刘海剪过头》的音乐录影带每三天公布一部。莫名其妙的影像作品接二连三地公开，而且还都是同一首歌。再怎么挥霍也该有个度吧。音乐录影带的突袭作战旗开得胜，三户得以完美出道。她现在已是电视、广告中经常出镜的当红明星了。

---

① 指早期动画制作时使用的透明片材（赛璐珞Celluloid），约在1910—1950年普遍使用。

音乐录影带集《刘海剪过头的 MV 做过头》被打造成了 DVD 发行。在名为"导演请多了"的发售活动上，每位导演的一项才艺表演，搞得令人摸不着头脑。表演结束后突然杀来一场签名会，除了三户，每位导演也都在 DVD 的包装上签了名。导演们都没参加过签名会，所以签出来的名字每次都不一样。导演之一的小路翼还被一名女高中生当场拒绝说"就你的签名我不需要"，以致他觉得自己该更加努力。

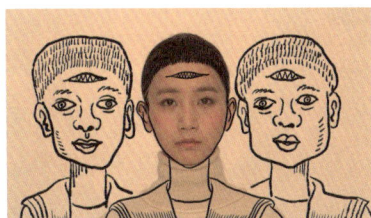

◆ 美丽乡村的烦恼

从大阪乘坐特快雷鸟号沿琵琶湖西侧行驶，最后抵达福井，需要两个小时。之后换乘几小时一班的越美北线单轨列车，翻越三座大山，刚以为自己会被直接带去哪里，突然眼前一片开阔的平原。福井县大野市，一个人口 3300 万的盆地，遍地农田，是一个完全符合农村形象的乡村。

大野市有不少市民迁居外地，迁居人口中 20 多岁的占两成，30 多岁的占四成。育龄年龄段市民的流失，会加快城市人口的减少，这个问题尤为凸显。若放任自流，大野市这个行政区域也许会消失。我把这一烦恼承接下来，开始着手处理"人口减少"的大问题。

解决人口减少问题和搞活商店街经济存在着本质上的区别，需要更长期、更根本的解决方略。首先，我得亲眼确认现状，于是初夏时节我造访了大野市。说它是个盆地名副其实，群山环绕的平原上到处是广袤的农田，硕大的芋头叶子随风摇曳。在田间劳作的都是高龄老者，让人不禁想说："老爷爷，你们如此劳作太辛苦了。"街上的行人大多是推着推车的老奶奶和开着小货车的老爷爷，主干道"七间通"寂寥冷清。

市政府面对现状态度冷静，既不悲观也不乐观。日本的总人口在减少，这也是无法改变的事实，所以一定程度的人口负增长不可避免，无法强行增加人口，只能尽可能减缓一下人口的减少速度。其他地方政府主要采取吸引移居的政策，而我们更侧重吸引返乡人员。大野市之名平凡普通，知名度不高，要想成为移居候选城市必须有较高的知名度。而且，盆地造就的风俗习性，是不太能向外地人敞开心扉的（虽然一部人的心态比较开放）。空屋虽多，但均有所属，能用于买卖或转让的不多。如果是大野出生的人，有亲人在当地，就不会排斥大野。这里并非完全没有工作。所以我与市政府达成共识，首先从返乡人员入手。

吸引返乡人员的企划叫作"回来大野吧"，直接把想说的话原封不动地变成主题。"大野"这个地名比较大气且度量宏大，让人有"回到大地母亲怀抱"的微妙感。

虽然口号已定，但标志却怎么也定不下来。因为是第一次尝试，所以大家都很慎重。"在标志决定之前，其他政策都让人提不起劲。"市政府的负责人雨山说。几经讨论，后辈设计师河野爱把意为"到"的日文假名"へ"字重叠起来，做成象征大野的荒岛岳轮廓后，当作本次企划的标志。真是太完美了。"回来大野吧"站上了起跑线。

大部分大野市民声称"大野什么也没有"，也有人认为"前途一片黯淡"。但在我看来，大野魅力十足。因为大野有丰富的自然资源、甘冽的清水，吸饱清水的食物甘甜美味，而且大野的人温柔大度。

大野へかえろう

　　大野生活着一群享受优质生活的人，我们称之为"农村型进步人士"。鼹鼠咖啡的牧野一直坚持使用大野的清冽优质水冲泡咖啡，供应其他地方喝不到的精品咖啡。灯笼果舍的长谷川身怀随处可用的高超设计影像制作技术。即便身在大野，照样有东京委托过来的工作。他还打造社区空间，主办音乐节。盆栽艺术家高见瑛美探访大野山林，将那里土生土长的植物做成盆栽销售，从事守护大野古老传统的活动。建筑师川端设计建造大野独特的住屋和店铺，同时建造小型电影院放映电影。舞蹈家森田真由有着不符合雪国人，却又不逊于大阪人的开朗性格，她教孩子们跳舞，让大野活力四射。身为设计师的拓朗平时绘制图面，闲暇之余去河边钓鱼，或在YouTube上探寻世界的真相。佛坛店的清水为了修理钓鱼用的诱饵，擅自动用佛坛上用的金箔，惹恼了父母。金箔做饵感觉太重也不够灵活。很多大野市的人的生活不仅不逊于大都市，甚至还更胜一筹。

　　我问了很多人回来大野的原因。既有自发回乡的，如回答"因为一直喜欢大野""因为想和家人在一起"；也有因为不得已的原因回来的，如回答"没有找到工作""公司倒闭了""父母生病"；等等。其中一个是和我密切合作的隶属大野市政府的雨山直人。雨山毕业于京都大学，因找工作不顺利，怀才不遇地回来家乡，后在姐姐的建议下随兴参加了公务员考试，考上后一直工作到现在。"大野好无趣，为什么我要在这种地方生活。"他二十几岁时过着颓废无力的日子。但如今的他已年过三十，一边在市政府工作，一边和朋友私下打造了一个名叫"SONOU"的社区空间，开展各种活动，为家乡出谋划策，从公私两方面思考如何振兴家乡。鼯鼠咖啡的牧野也曾在东京工作得顺风顺水，后因家里有事不得已回到大野。经历了二十几岁时的迷惘和各种工作后，开了现在这家咖啡屋。他们两人的共通之处就是相遇。因为遇到了想让家乡变有趣的年轻人，所以改变了想法，"原来家乡也有这么一群人啊""在大野也许会过得很开心"，我觉得其中必然有所启示。

◆ 高中生和海报

　　迄今为止的商店街海报展都是由广告制作人制作的，而这次的海报制作则由当地的高中生完成。之前商店是主角，这次优先以学生为主角。"回来大野吧"最初的计划就是举办"大野海报展"。

　　我的目的有三。其一，重新挖掘家乡的魅力。大野市没有大学和专科学校，所以离家求学的孩子很多，不能要求他们"别走"，只是深知家乡魅力的离开和不知家乡魅力的离开大不相同。即便出生后一直在大野，不对，应该是正因为住在大野才不会注意到家乡的魅力。我希望趁他们还在大野的时候，通过海报制作，让他们了解家乡。为了制作广告，首先必须得发现商品和企业的魅力。就算再怎么没魅力，也要尽力寻找，否则就做不出广告。而发掘魅力、用更通俗易懂的方式传达发现的魅力，是广告的使命（广告制作人会想尽办法找出魅力，所以性格会越来越好。因为轻视广告对象是完不成工作的。即便是像我这样曾经斜眉冷对的年轻人，也因为制作广告性格变好了）。制作海报最适合用来重新审视家乡。

其二，制作海报可以让他们和当地的优秀人物形成连接。大野有很多返乡后从事有趣工作的人。而高中生接触的大人只有父母、亲戚、学校老师，在本地工作的成人榜样少得可怜。大野的优秀人物是很好的标杆，能让他们想象回到大野后的工作情况，明白就算不去大城市也能在大野实现自我的道理。

其三，让他们察觉到自己有能力让居住的地方变得充满活力。海报能给商店主、观看海报的市民等各色人物带去活力，让他们展颜，甚至让整个地区生机盎然。如果他们意识到自己也有能力做到，那当他们回来时就会凭着一己之力搞活家乡，改变城市。

这项企划不仅对当地有益，更有助于高中生的成长。所以我以为很容易获得支持，但还是太过天真。虽然我希望能把海报展列为学校的上课内容，但课程安排早已定死无法改变，而且如果学生在海报采访中遇到什么意外，学校也概不负责。最后，这项企划转变成学生自主参加的形式，安排在暑假期间进行。8月份第一周那几天，学校既没有活动也不补课，我们好不容易拿下了那几天。高中生真够忙的。

日程虽定，但学生们会不会来我全无把握。为了让他们对制作海报产生兴趣，我去学校说明过好几次。我听说在学校创立纪念日的朝会上，可以有机会在全校学生面前做说明，于是我从大阪赶到大野，利用早上 8 点 45 分开始的 5 分钟时间，在体育馆向抱膝而坐的全校数百名学生做了说明。我还在下午放学后、阳光柔和的理科教室里，向个别学生做了说明。我真的很不安，不知道可以召集到多少学生，结果有 36 名学生应招，每位学生负责一家店，共制作 36 家店的海报。

我们在盛夏举办了为期 4 天的工作坊。讲师是 6 位电通的文案撰稿人和艺术指导，以及当地的一名设计师。电通讲师江上和植村都出生于大野市，而且他们还是大野高中的同学，都曾就读美大，还一同进了电通。从大野市的人口比例来说，出现这种情况的概率极低。这两个人都想为家乡锦上添花，用海报装点故乡。

采访、策划到摄影全由学生自己完成。我们事先为学生租好单眼相机，再由他们自己拍摄。几乎所有的学生都是第一次使用单眼相机，所以最后的设计因为学生们大多不会使用 Mac，而由我们代劳。我接手的学生之一负责照相馆，他把自己的奶奶当作模特拍摄，作品很贴合大野市高龄化的特点。还有一个学生负责一家亚洲家具店，他不仅文案写得精彩，照片也拍得不错。江上接手的一个学生负责水引 ① 工房，用海报展现水引的世界。美丽、凉爽、具有透明感的海报反映了大野的真实风貌。

---

① 水引（Mizuhiki）是日本的一种传统绳结艺术。用于迎春、贺正、祝寿、祭祀、婚丧等礼仪场合，是馈赠礼品用的装饰品。

不买也无妨，先过来逛逛呗！

　　海报张贴在市中心、车站、购物中心等处，引起了巨大反响，"没想到只是做广告，就能让当地看起来如此美好""能够举办这样海报展的城市，真想移居去住啊"。人气投票的总数超过 1 万张，很多市民都参与了投票。前文提到的照相馆海报喜获第一。获奖的学生因为喜欢的歌手有现场演唱会，去了大阪。虽然颁奖仪式上他未到场，但依旧充满了祝福。

　　第二年，即 2016 年，我们又举办了一场大野海报展。作品与前一年一样清新。负责当地造酒厂（花垣）的学生，决定用大野人都喜欢的荒岛岳为背景拍摄产品。到了拍摄地点，山顶一直云雾缭绕若隐若现，他足足等了两个小时才好不容易拍摄成功。等待很有价值，完成的海报非常出色。店主也十分中意，除了用在海报展上，还在商店、停车场招牌等处使用。大野海报展的照片特别清新美好。

把我拍漂亮点哦！我可要放在佛龛上的呦！

在亚洲乡村中的亚洲乡村。在亚洲发现的杂货和家具。

喝了后口中都是大野的味道。

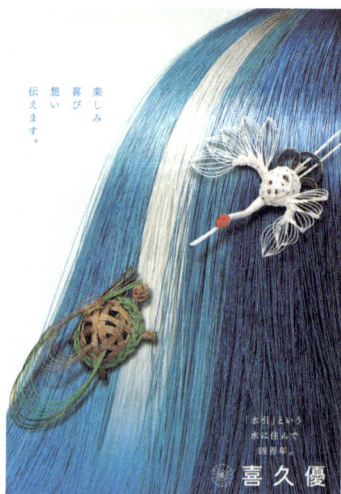

传递着快乐喜悦和希望。在"水引"中居住四百年。

学生们大都第一次接触单眼相机，照片里充满了摄影的乐趣。

2017 年再次举办大野海报展，2018 年也是。其间我获得了宝贵的经验，如在盛夏美丽的芋头田里拍照，在开店前的拉面店与女高中生单独相处，因找不到共同话题而默不作声一小时等。与高中生熟了后，马上就会被以绰号相称，这是此次活动得到的最大"教训"。

◆ 说不出口就唱出来

孩子们想回大野的心思固然重要，父母们希望孩子回来的心情也同样重要。几乎所有的父母都真心希望孩子回来，但他们没有告诉孩子。因为不好意思，因为就算孩子回来也没有工作，反而会让孩子受苦，所以他们选择了沉默。待到找工作时，父母才跟他们说："希望你们在这里工作。"但这个时候对于孩子们来说，大学生活已接近尾声，出路基本已定，就算父母提出什么要求，孩子心中也已定下出路，没法改变，这种情况屡见不鲜。虽说如此，但还是有父母跪着要求孩子回到大野，还有的虽未到跪求的地步，但也是希望孩子回来，然后孩子回到了大野。父母的想法自然会对孩子产生强烈影响。如果父母把"希望你回来"的心思告诉孩子，也许回归故里的孩子就会增加。

如何传达父母的心思呢？如何在传达时留下深刻印象呢？我想到用歌声唱出来的方式似乎不错。于是创作了原创歌曲《回来大野吧》，并由父母在毕业典礼上唱给学生们听。大人们不加掩饰地放声高唱拜托孩子们"回来"，是至今从未有过的新举措，与吉几三所唱的"我要去东京"的路数相反。

我找了盟友、音乐制作公司 PIANO 的制作人富永惠介商量作曲一事。歌曲想要传递的内容清晰明了。据说先作词再谱曲会比较好，所以先由我编写歌词。

我已经去过大野约 50 次，听过许多大野人的内心想法，我将这些想法汇总后写成歌词。我摒弃了自己"这很有趣吧"的企望，仅以媒介的身份，倾听人与大自然的声音。刚开始下笔时相当烦恼，但最后终于创作出了自己满意的歌词。

作曲拜托给了隶属 PIANO 公司的、曾获芥川作曲奖的年轻希望之星——坂东祐大（笔名：松司马拓）。他亲自去到大野，感受大野后创作旋律。我只有两个要求，一个是作一首能够传唱下去的标准歌曲，另一个是曲调要开朗阳光，能为即将远行的高中生们助阵。如果配我歌词的曲调悲伤，那就太过寂寥了。

歌曲样带完成了，非常完美。我两岁的女儿只听了一遍，就能出口成歌。小孩子都能马上哼唱的歌就是好歌。我自信满满地奉上提案。但是，大野市民的反应呈两极分化。有人觉得"非常感动，都落泪了"，也有人认为"我们这里不是这样的""旋律不对头"。我呆住了。公司同事都给予了好评，说"这绝对感人"。大野出身的江上看过歌词后说"我高中时就是这么想的"，这给了我无比坚定的信心。我不打算更改歌词和旋律，各种意见如平行线般被保留。再这么讨论下去工作就无法推进，我们决定把最后的判断权交给市长。

回来大野吧

作词：日下庆大
作曲：松司马拓

山峦隔开了世界　　　　　将从这里离巢高飞
世界仿佛唯此小镇
时光随着自然流逝　　　　回来大野吧
人们度日悠悠　　　　　　说不出口就唱出来
　　　　　　　　　　　　回来大野吧
落日余晖挥洒田间　　　　去到广袤的世界也无妨
芋头枝叶随风摇曳　　　　因为总有大野为你们守候
小镇上的孩子们啊
追逐梦想扬帆起航　　　　追逐梦想
　　　　　　　　　　　　邂逅朋友
回来大野吧　　　　　　　坠入情网
说不出口就唱出来　　　　长大成人
回来大野吧　　　　　　　愿你们时而想起
去到广袤的世界也无妨　　还有我们在这里
因为总有大野为你们守候
　　　　　　　　　　　　回来大野吧
河川在盆地里奔腾　　　　说不出口就唱出来
水浸润着一切　　　　　　回来大野吧
雪积起来了就铲去　　　　去到广袤的世界也无妨
生活每天一成不变　　　　因为总有大野为你们守候

漫长的严冬开始动摇　　　回来大野吧
冰雪融化成水的时候　　　去到广袤的世界也无妨
逐渐长成大人的你　　　　因为总有大野为你们守候

我搭乘雷鸟号前往大野。穿过铅色的大阪市区和白色的寂静京都，右手边出现大片琵琶湖的时候天降大雪。透过车窗眺望琵琶湖的美景，祈祷此行顺利。离开琵琶湖后，列车开始登山。经过仿佛被遗弃的滋贺和福井村庄后，来到敦贺，又驶入山林，穿过长长的隧道，显现平原。雪停了，洁白的田地上方出现一道彩虹。好兆头，市长一定会喜欢我们的歌曲的。

我造访了市长室。在市长、副市长、市政府干部的注视下，播放音乐。市长的双眉紧锁，不过播放到第二段时，他开始哼唱。市长说："真是首好曲子，让人想在卡拉 OK 时唱。"太完美了。

接下来的问题，是毕业生家长们是否赞成。如果家长们不喜欢就只能作罢，结果家长会长和其他人都欣然同意。

歌曲完成，后面就剩下如何能在毕业典礼上演唱这首歌了。一切都是初次尝试，能不能在毕业典礼上赢得相应时间尚不确定。以雨山为首的大野市政府团几次拜访学校，争取到了毕业典礼的最后几分钟。企划容易实施难，与先前的大野海报展一样，这就是在地方上开展工作的难处。

我们把歌曲光碟和歌词分发到各家各户，还组织了两次练习。每次约有 20 人到场。家长会干部率先带人参加，尽管如此，参加的家长也只有一成左右，剩下的 90% 真的能唱吗？我深感不安。

毕业典礼当天，万里无云的晴空映衬着白雪。与已经能感受到春意的大阪不同，虽时值 3 月上旬，大野仍留有积雪。体育馆照不到阳光，又无暖气，显得空旷寒冷。学生们陆续进场，女学生流露出今天是最后一天的神情，男学生应该也很寂寞，但想掩饰情绪般的笑声不断，还在体育馆里走来走去。

校长讲话、嘉宾致辞、颁发毕业证书、齐唱《君之代》、合唱

《敬仰吾师》、毕业生代表和在校生代表演讲都有条不紊地进行着，毕业典礼的项目全部完成。

"最后还有一份礼物要送给全体毕业生。向右转！"

在仪式即将结束时，担任毕业典礼的司仪老师突然说道。父母们一起站了起来，学生们疑惑地笑道："咦，这是要干吗？"在会场的喧哗声中，《回来大野吧》的钢琴前奏响起。但是，听不到歌声。可能是一直站着不动身体发僵，父母们的歌声轻如蚊蝇。学生们听不到歌声，我以为这次坏事了，看了眼站在近旁的雨山，我们四目交汇。他的想法也和我一样，准备了这么久却要面临失败。但是，随着歌曲一小节一小节地唱下去，歌声越来越大，开始清晰无误地传入学生的耳中。起初不知道发生了何事而呆立的学生们，逐渐明白了眼前的状况。曲子的副歌部分来了，歌声完美无瑕，激荡着学生们的心。没有一个学生东张西望，他们都仿佛眺望远方般地注视着父母。他们是在回顾过去的三年时光吗？是在想着即将离开深爱的大野吗？歌声在偌大的体育馆中回荡。家长们像是整理心情般，趁着间奏端正下姿势。歌声再度响起，声势已不再轻弱。优美的钢琴音色感染着在场的每一个人。曲子渐入高潮，有几位父母流下了眼泪，他们一边拭泪一边继续高歌。学生中也有人开始泪目，最后很多人都哭了。曲子唱完后，掌声经久不息。

"我的想法真的就跟歌词里写的一样。"家长会长说。

"等到我毕业，你们也要唱哦。"一名高二学生拜托他父母道。

"孙子两年后毕业，我现在就开始练习。"有位老爷爷来拿光碟时说。

"希望明年由我们演奏。"吹奏乐部的学生来取伴奏带。

第二天，《福井新闻》和《福井县民新闻》做了大篇幅报道，刊登了坂东化名松司马拓创作的处女作歌曲《回来大野吧》，写明了"作曲：松司马拓，作词：日下庆太"。对于文字工作者而言，最大的幸福莫过于此。

除了高中生以外的大野市民，歌曲更是传到了离开大野的人们耳中。就算回到大野可能没有自己想做的工作，但能让他们听到来自故乡的倾情呼唤"请回来吧"非常重要。有一天待到时机成熟，他们会考虑"回到大野"的可能性的。

第二年的毕业典礼，学生在吹奏乐部的学生伴奏中演唱了《回来大野吧》。第三年是一边放映父母制作的影像一边唱歌。我想接下来的每一年，这首歌都会继续传唱下去的吧。

◆ 成人仪式礼物

集"回来大野吧"之大成者是摄影集。我们制作了"让人想回大野"的相册，在成人仪式上赠送。

大野市民和电通员工联手组建编辑组，每月召开一次编辑会议，就收录内容做直言不讳的探讨。首先是照片，什么样的照片才能"让人想回大野"呢？若说大野最有名的照片，便是越前大野城的天守阁浮在云海上、被誉为"天空之城"的那张了，电视上也经常出现。那样的照片观光客是喜欢，可当地人几乎都没见过，算不上令人怀念。旅游景点的红叶、花卉等也一样，是本地人都不去的观光胜地。上学路、学校操场、插秧、祭典、芋头收割、下个不停的雪、奶奶等等，应该拍的都是极其普通的场景，这是我们这些外人一无所知的。为了做出独一无二的摄影集，我决定在每张照片上附一句话。而且，还决定收录与大野相关的艺术家作品及大野风味的料理食谱等。

内容定下来后，就着手专心制作。照片摄影委托当地的摄影师兼设计师长谷川、盆栽艺术家高见瑛美担任助理。大野市内经营酒坊的源内启志朗、当地平面设计师桑原圭、大野市政府的雨山、广作力、铃木翔太和岸本峰波负责文案编辑。我担任主编，统筹全组。

拍照的方向基调不明，长谷川边摸索边拍照。起初他也比较迷惘，但一旦方向定下来后，拍出来的照片都非常精彩。我们在编辑会议上挑选照片，追加文字。大野市民撰文人写出来的文字，一开始以照片说明为主，没什么意思。在给出了"多在语言中融入情感，那种情感越个人越好"的方向引导后，精彩的文字层出不穷。我尽量不让电通成员来撰写文字或挑选照片。因为外来人员对于大野魅力的了解比较局限，知之甚少。我们并不清楚大野的漫长冬季、冰雪的洁白、荒岛岳的宏伟，这些只能交由大野市民来做。我们能做的只是运用平日里的广告技巧为他们助力，让制作出来的作品更能表达心声，更通俗易懂，表现力更强。最终我们耗费了大约一年的时间，完成了 200 页的壮观摄影集。

摄影集在成人仪式上送出。刚成人的孩子们收到相册后都很开心，有的表示"都是些令人怀念的大野风景"，有的表示"我要带回宿舍"，但似乎他们对于仪式后的聚餐更加期待。反而是他们的父母给出了好评："看了这些，就能知道大野应该守护的地方。""也想寄给已去东京的大孩子。""哪里可以买到摄影集？"或许对于刚成人的孩子来说，让他们回顾家乡的美好为时尚早，不过我相信未来的某一天，必定会产生效果。摄影集是非卖品，将会从 2017 年的成人仪式开始连续分发 3 年。摄影集的末尾添上了这样一段文字：

最后

一直生活在大野的人
离开大野但迟早会回来的人
就这样生活在他乡的人
各自都与故乡有着不同的距离感

无论你是哪一种人，都希望能把摄影集放上书架
希望你们能在偶尔翻开书页时想起大野
希望你们站在人生岔道口时，能随手拿在手中，慢慢想想大野
相信这本摄影集定会勾起你们的些许伤感
让你们重新振作起来的

大野一直等着你们

策划"回来大野吧"的真正目的，在于让更多的年轻人回到大野。出现这种结果还需要很多年，我们所做之事虽然感动了大家，但是否能成功唤回年轻人尚未可知。只是，当我在大野的夏日祭典上，看到参加海报展的大学生和大人们开心畅饮时，我确信我们所做的一切都是正确的。大野有这些优秀的大人在，他们应该会有"回乡也不错"的想法。只要我们孜孜不倦地把这些行动持续下去，一定会有人留在大野，会有人回到大野，最终成为引领大野的大人物之一吧。

对我而言，或许是重新创造了一个早已失去的故乡。我出生在大阪千里新市镇，与大野没有历史关联，也没有血缘关系。我在公寓中长大，祖父母家也都在市郊，家人都已搬离，再也没有可以回去的老家。大野没什么工作机会，人情羁绊很多，却是应该回归的美丽场所。春暖花开，开始插秧，夏季伴随着厚厚的云层到来，在河中游泳，割稻谷，收获芋头，精心准备过冬，下雪，熬过漫长的冬季，融雪，春天再次来临。这就是大野的一年。大野让我懂得"故乡"是什么，让我懂得日本应有的样貌之一是什么。失去回归场所的城市人只要在某处创建一个美丽的故乡即可。这些便是我在大野的思考所得。

农耕器具无法耕到的田边，插秧一事由孩子们负责。

大雪纷飞的日子母亲送我上学，我满心不安和搭车后的安心感。

注 1：

2013TCC 新人奖：永井史子

2013OCC 奖：山口有纪、中尾香那

2013OCC 新人奖：见市冲、石本蓝子、永井史子

2012FCC 仲畑贵志赏：永井史子

项目整体荣获电通奖宣传媒体部门优秀奖

注 2：

2014CCN 赤松隆一郎奖：上野由加里

CCN 奖：前田将多、上野由加里、小堀友树

2013FCC 奖：前田将多、泷上阳一、宫浦惠奈、见市冲、仓光真以、小堀友树、茗荷恭平

夏纳广告国际创意节（Cannes Lions International Festival of Creativity）设计奖入围决胜选手：茗荷恭平、小堀友树

企划整体荣获 2014 年《大阪日日新闻》元气大奖金奖 第一届年轻创意人甄选广告沟通大奖 优秀奖

成为「傻瓜」

第五章

◆ 新世界的全新世界

我像巅峰期已过的脱衣舞娘般，巡回于大野、女川、大分、鹿儿岛、松山、加美町、佐野、纪北町、冈崎、彦根、仓吉、舞鹤、熊本等各地方小镇。不知为何，东京之类的大城市从未找过我。那段时间，也不能让新世界市场放任自流。新世界是我启航的根据地，是应该回归、肮脏却又温暖的家乡。

为海报展开设的"市场画廊"，在海报展结束后，由自我祭的同伴阿丘接管，变成了咖啡屋兼画廊。那里展出艺术家作品，偶尔开办三味线^①教室和咖啡教室，成了所谓的社区空间。阿丘经营了整整一年，直到移去男友居住的石卷。现在，她在石卷经营着一家极具人气的小酒馆"Suisui"。亲手制作的美食、东北没有的大阪格调以及阿丘的人格形象很受当地欢迎。当地的优秀青年每晚都去捧场，真是一家不错的好店。

自我祭的办公室设立于 2013 年 8 月，名字沿用原先的估衣铺店名"想象皮卡空间"，那里是既像咖啡屋，又似小酒馆，还如活动场地般不可思议的空间。我们花费数月，亲手翻修旧民宅，拆除人

---

① 三味线是日本的一种传统乐器，也称为日本之弦。

花板，移去地板，在墙上贴镜饼图案①的壁纸，在天花板上贴炊帚图案②的壁纸。原本脏兮兮的办公室改头换面后，变得妙不可言。

如今（2018 年）这个地方依然开放，不走红的音乐家、电影导演、从医院回家的老人、怀抱婴儿的母亲、靠领救济金生活的大叔、探索自我的女高中生、立刻想脱衣的京都大学生、一醉酒就爱模仿猫王埃尔维斯·普雷斯利（Elvis Aron Presley）的大叔、原讨债集团的嬉皮士、将自己的人生完全奉献给稻草人的女子、印度尼西亚的插画师、闭门不出的伊索比亚裔美籍人、菲律宾噪音音乐家、莫桑比克原创歌手等各色人物云集于此。

皮卡空间的常客东先生，看着恐怕有六十几岁，不知从何时起开始独自一人来这里。他应该是靠领退休金过活的。口齿不清，声音很小，只能听懂他的六成话语。每次聊到黄色笑话，他必定生气。如此腼腆的东先生，只要听到兰巴达音乐，便会判若两人。他开始跳舞，摊开双手，微微抖动双脚，一副看着永恒的眼神。只要兰巴达的音乐不停，他就会一直跳下去，绝不停下，而且除了兰巴达不

---

① 镜饼是指供奉给神灵的扁圆形年糕，日本家庭在过新年时，会将其装饰在家中，祈求新的一年一切顺利平安。

② 炊帚、刷帚，是擦掉器皿污垢的用具，古时用稻草、棕毛等扎起来使用。

跳其他舞。东先生的舞姿太过精彩，我们曾在自我祭时现场演奏兰巴达，让他当众表演过一次。在数十名观众的围观下，东先生眯着永恒的眼神，不停地舞动。一名二十几岁的女子看过东先生的舞姿后，一见钟情。东先生决定与这个女孩交往，成为一对年龄相差40岁的情侣。兰巴达创造了奇迹。

田代出生于东京下町。出生3天，父亲就人间蒸发，他由母亲一手抚养成人。母亲经营一家情人旅馆。因家里觉得从情人旅馆去上学影响不好，所以从小学一年级起就让他离家独自生活。初一时加入暴走族，干了不少坏事。虽然进了高中读书，但有一天就被勒令退学。之后在当地混不下去了，16岁来到大阪，干起了建筑工种中专门搬运重物的重机操作员的工作。他的技术和掌控工地的高超能力得到认可，年纪轻轻就带着几十号人，竭尽所能地赚钱，24岁自立门户，当上了重机械设备公司的老板。事业步入正轨后，拥有两辆车、一艘船，还在赌马上赚了1亿日元，又在澳门输掉7000万日元，极尽玩乐之所能。但因为他的工作是搬运非常重的重物，日复一日身体每况愈下，最终伤了膝盖，无法正常走路，再也不能工作了。从此他变得郁闷，酗酒，后来搞坏了身体，靠领救济金过活。他每天都会来皮卡空间，边喝酒边说："我喝了酒就会死。"偶尔我们会一起去钓鱼。

音乐演奏会（从莫桑比克人到这边的人叔们）、独立电影放映会、织田作之助的研究会、3位僧人的佛教课、驻日本外国人的核心派对、美食对决、一夜小酒吧、流水素面、某人的送别会等等，皮卡空间每月都搞活动，大杂烩般不加整理地持续释放能量。

为了让新世界市场开出更多的新店，我开始开展"自助不动产"活动。我从店主大叔那里获取他们手头的闲置店铺信息，在脸书

（Facebook）上公布了两间出租店铺的信息。因为此事是我起的头，所以我必须帮他们带看店铺。早上 8 点去到商店街，嘎啦嘎啦地打开卷帘门，一间一间地介绍格局，说明用水设施，告知价格。来了 7 组人，大多都会提到"能不能再便宜一点"，不动产租赁到了最后谈的都是钱。为什么都是我在租客和房东之间协调租金，真是太痛苦了。我终于理解了房屋中介的辛苦，中介费分文未取。结果很有个性的两个人租下了店铺，一位是在千日前开了家很不错小酒吧的小爱，还有一位是菜刀店的丹麦人毕恩（Bjorn）。

商店街旁有间仓库，归在市场里经营食品店的松本所有。松本太太问我："你说，有没有谁会租这个仓库？"我想到了一对人选，是在大阪福岛经营"由苑"小旅馆的滨本夫妇和呋。我记得他们以前曾想在日本桥开小旅馆，但中途夭折了。我试着联系滨本夫妇，他们回复说："听起来很有趣！想来看一看。"事情在我的牵线撮合下，有了飞速进展。2016 年 8 月，小旅馆"THE PAX"成功开业。一楼是咖啡馆和唱片店。旅馆的施工由"剧团维新派"的工匠负责，完工后的旅馆既酷又时尚还很温暖。旅馆客人来皮卡空间和日本客人交流，有时来的客人只有外国人。

海报展之后，市场画廊、皮卡空间、毕恩的菜刀店、小爱的小酒吧、二手店、巴里杂货铺、服装店、鱼铺、炸串店、韩国料理店、小旅馆陆续开张。小酒吧、豆腐店、花店、鱼铺（与先前那家不同）、蔬菜店、炸串店、画廊关门。算上画廊和皮卡空间，共有 11 家店开张，7 家店关门。萧条没落的商店街有了些许变化。我们的范围虽只限于名为新世界的街区一角，但我却感觉是在打造街区，创造场景。

◆ 姐妹商店街

新世界市场和中国台湾地区的商店街缔结了合约，成为友好街区。在台南市长达 300 米的大街——"正兴街"上，混杂着南国风情的古老名居和商店。7 年前冷清无比的大街，如今已是观光客云集的人气景点。当年我在中国台湾地区旅游时，是代表高耀威（绰号 Erick）给我做的向导。他们把正兴街居民乔装成猫的图像做成招牌，摆放在各家店门口，还制作了名为《正兴闻》的独特报刊，并将销售所得当作街区资金。空地被随意改成公园，源源不断推出的活动让整个街区朝气蓬勃。所有这一切归根结底都源于他们乐在其中的态度，其中也莫不洋溢着温柔的幽默感。我们很像，而且 Erik 还与我同年。我是文案撰稿人，Erik 也曾是文案撰稿人。我向 Erik 提议，要不要和新世界市场缔结姐妹商店街，他回复我说："很有意思！下次大家一起去日本。"几个月后，领队 Erik、总爱和人吵架的马卡龙店老板阿坚、皮革手工艺人兼剑玉高手 Fire、服装设计兼口译小宥、整天醉醺醺的杂烩店小哥共 14 人，从正兴街来到新世界市场，进行了商店街之间的大对决，包括乒乓球比赛、料理比赛和表演比赛。虽然我们在表演比赛中获得了胜利，但在乒乓球比赛和料理比赛中败北。不过这些只是余兴节目，他们此行的主要任务是缔结友好合约。在众人的见证下，新世界市场的代表宫浦克巳与正兴街的代表高耀威在合约上签名。我们效仿实际条文，写下如下内容：

虽然大阪新世界市场和台南正兴街所属的国家不同，但我们认识到独特的创意能搞活地域经济，且深知双方都具备野猫众多这一

共同点，故而强烈希望发展彼此的关系，通过相互交流深化两市关系，把我们"用幽默和新颖的创意振兴地域经济"这一方法推广到全世界，特缔结本合约。

缔结的合约必须遵守。下次安排由新世界市场的成员赶赴台南。

◆ 祭己

自 2012 年起，新世界市场每年至少举办一次自我祭，目前举办的次数已超过 10 次。刚开始的时候，是以我为主与各种各样的人联手，这几年我退居二线，改为从旁协助。活动以 Kotakeman 和更年轻的成员为主，每年持续开展。每年的自我祭都会在"兜裆布剪彩"中开幕（由两名男子拉开一条长长的兜裆布，再由商店街的婆婆剪开），随后举行化装游行和相扑表演，最后以召唤飞碟的形式闭幕。

最初我们会邀请知名艺术家前来，但因付不出酬劳，有时作者本人不出现只是放置作品，所以要我们自己去布置，结束后还要拆除。最后我们决定"可以不再找名人"。因为比起作品的完成程度，创作者想要表现的心情更为重要。比起习惯参加活动的著名艺术家，我们更重视有强烈表现欲的业余人员。比起保罗·麦卡尼的第十六张专辑，籍籍无名艺术家的首张专辑更为有趣。我们要大量收集"首张专辑带来的震撼"。

小孩、高中生、大学生、工薪族、爷爷辈等各种不同年龄层的人都有参与。还有年逾八旬的老婆婆参加。丈夫过世，孩子长大离家，自己一个人待在家中的日子变长，出于兴趣做了草鞋。婆婆鼓足勇气第一次摆摊，因草鞋质量上乘且价格合理，顷刻间销售一空。后来我收到了她的长信，信中写道"我从年轻人那里获得了力量"。

为了募集更独特的表演者，我们还去街上寻找，一旦发现就一一邀请。我跟等末班公交开走后坚持在终点站吹口琴的老爷爷搭讪，却被他拒绝，理由是"还没到在众人面前表演的程度，所以才深夜在这里练习"。我还在难波车站前找到一名扮作认真上班族的男子，他戴眼镜、系领带、穿衬衫，把巨大的合成塑料桶当贝斯弹，自称"不鸣"（Narantya），后来参加了自我祭。

在下班回家路上，我遇到在梅田车站前的马路上大声击鼓和钲的团队。团队成员几乎都是咖啡色头发，没有牙齿。我鼓起勇气与他们搭话。他们的团队名为"地车杂子神龙"。每一个都是积极卖力的不良少年。虽然他们的成长环境大不相同，但在喜欢祭典这点上意气相投，都愿意积极参与祭典活动。第一次邀请神龙参加自我祭的场地，是 10 个榻榻米大小的闲置店铺。神龙用极大的音量连续

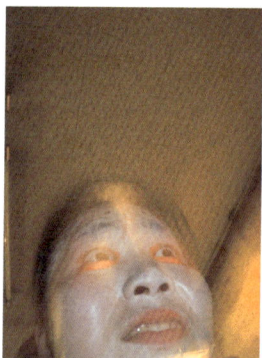

击鼓，"不鸣"演奏贝斯，大家配合花车大跳龙舞，就像在地下的小型室内演出场所演奏一样。当我们汗流浃背地走出店门，外面的商店街已是一片黑灯瞎火。这样的地方会在哪里的世界出现？

我们把参加门槛设置到了最低，即便是当天到场的客人也可以立刻加入表演。亲自参加表演和只是旁观的乐趣大不相同。对于那些第一次表演的人，我们会给他们打气，帮他们一把："因为很有趣，要不要什么都尝试下？"对于那些不好意思的人，我们会伸出双手，拉着他们一起跳舞。对于那些犹豫是否要越线的人，我们会在他们背后偷偷推波助澜。为了让他们更加超脱自我，我们时刻准备改装用的服饰和化妆油彩。其实，人改装后就像打开了开关，所以很多人都会留到最后一刻。来自鸟取的得田本想稍微看一下就回去，结果改装后情绪高涨，一直在大阪待到晚上。博多来的两位同道女生，直接变装过了一夜，搭乘第二天的末班新干线回家。

自我祭既不是艺术活动，也不是音乐节，而是祭典。我们坚持"祭

典”原则。我们各自去观看了祭典。大阪的天神祭、岸和田的地车祭
等自不必说，我还巡回各地，观看了以奇特著称的祭典。如和歌山县
日高川町的“笑祭”，是扮成小丑的笑男边喊着“笑啊”，边在街上
游行；品川区严正寺的“水止舞”，是旁人朝着吹海螺、裹稻草袋、
倒卧地上的男子泼水；茨城县龙崎市八坂神社的“撞舞”，是在没有
安全绳索的保护下，在离地 15 米高的柱子上表演杂技；冈山市西大
寺的“西大寺会阳裸身节”，是在隆冬时节系着兜裆布，争夺名为“宝
木”的幸运物。祭典的日子，一年只有一次，那个地区的人会成为主
角。大家都会用相机聚焦，普通人会成为英雄，而绝非艺人或者名人。
每个人都很帅。日本需要更多的祭典活动。透过祭典我发现了一个现
象：架子鼓声会立刻引来投诉，而太鼓声不知为何就没人抗议。日本
人对待祭典是很宽容的。艺术变得更高明，设计变得更时髦。自我祭
有着洗练的艺术和设计逐渐丧失的原始力量。“祭典”原本就是为了
释放人类的根源性力量。“人类庆祝祭祀力量”的表现形式之一，便
是“太阳塔”。自我祭的造型物也带有这样的风格。或许是因为同在
大阪，所以那种风格才融入了我们的体内。

　　正如“举办祭典振兴街区”所言，自我祭和海报展的巨大能量
敲开了店铺的卷帘门。自我祭目前的口号是“祭己”。这个口号是
我自己编的，用文字赋予自我祭故事是我的职责所在。不可思议的是，
这个词与釜崎夏日祭典中的“我等不顺臣民，在此祭己”极为相似。

　　从 3 个月大的婴孩到 83 岁的老姬，从打工族到医生，从釜崎的
流浪汉到好莱坞男星，从业余画家到专业画师，从花车不良少年到涩
谷系音乐人，从加纳人到“外星人”，形形色色的人参加了自我祭，
通过皮卡空间关联起来。于是关联起来的人又展开别的活动，以怪聚
怪，发生新潮的化学反应。如果你有机会来到大阪，务必要来新世界

市场玩玩，希望来看海报，希望来皮卡空间喝一杯，希望来自我祭，希望能参与表演。自我祭的口号是"祭己"。没错，你自己就是神。

◆ 然后变成傻瓜

不知怎的，我卷入了自我祭的改装风潮，开始改换装扮。我穿上撒哈拉沙漠买的摩洛哥图阿雷格人的服装参加游行，还扮成了流浪汉。我对那些身处街头、与世俗生活相距甚远的群体饶有兴趣。我想知道他们眼中看到的路上风景是怎样的。机会难得，所以我想扮成有点不同寻常的流浪汉，我将妻子的香奈儿香水仔细喷洒在身上，进行了一场"香喷喷流浪汉"的表演。我在新世界市场的路边，用纸板箱做了一个家，睡在里面，还在路上闲逛。我在纸板箱的家中睡觉时，有位阿婆跟我说："我啊，家里乱七八糟的，一直都很穷。也没能好好上学，所以找不到好工作，我甚至在想要不要去陪酒。但是呢，我很幸运，抽中了公共住宅①。我心里想着一定要好好活下去，才坚持到了今天。你也是，只要努力了就会遇上好事，先要好好工作啊，因为你还这么年轻。"她递给我一块可乐饼。我也向往印度的修道士和苦行僧，所以尝试扮成他们。我曾见过单眼失明的苦行僧，所以在自己的一只眼上戴上了灰色的隐形眼镜。这是我生平第一次戴隐形眼镜，朋友说扮到这种程度，也真够恶心的。我还扮过"太阳大叔"，一吹笛，笛就全部伸出来。吹笛帽是我一周去四次建材超市制作出来的力作。

---

① 国家提供部分资金，修建后出售的非营利性质的房屋。

◆ 延伸宇宙

从 2015 年的自我祭开始，我扮成了外星人的模样，之后每年都举办召唤飞碟的表演。说起我开始这么做的初衷，是我没见过飞碟，所以绝对想要看一次。我希望务必能在自己人生的戳记卡上盖上"看过飞碟"这项。我想举办召唤飞碟的仪式，为此我必须扮作外星人。说到外星人，最普遍的形象就是名叫"灰人"[①]的大眼睛光脑门的银色外星人。但那是进口的外星人形象。日本固有的外星人长什么样子呢？我思忖再三，想到了绳文时代的遮光器陶俑。我认为阻断时代潮流、突然出现的陶俑必定是外星人无疑。于是我决定扮成陶俑的样子。我每周去三次建材超市，自行制作完成服装。

在自我祭的最后，举行了召唤飞碟的仪式。我们唱着召唤飞碟的歌，用玩具风琴演奏电影《第三类接触》中为了召唤宇宙飞船的"五声音阶"。大家和着"re-mi-do-do-so re-mi-do-do-so"的旋律哼唱，最后还出现了"飞碟"泡面从空中撒落的闹剧。

2015 年，我们接到"能势电铁艺术线"（Noseden Art Line）的演出邀请。这是"能势电铁艺术线妙见之执行委员会"主办的艺术活动，该实行委员会由位于大阪府北部、向能势方向行驶的能势电铁和沿线自治体组成。我到底应该做些什么呢？思考良久后，我邂逅了能势文化的中心——能势妙见山。妙见山自古以来就被人们当作灵山崇拜，在那里北极星信仰至今留存。北极星总是出现在正北

---

① 灰人（Grey），是在外星人目击报告中占比例最大的一种外星人，也是大众文化中被人类所熟知的外星人。灰人只是一个统称，它们并不是一个纯粹的种族，有小灰人、高灰人和蓝灰人等分支，一般灰人就是指小灰人，它们通常被描述为拥有灰色瘦弱的身体、纤细的四肢和长着一双深邃黑色眼睛的硕大的和身体不成比例的脑袋。

的天空中，告知旅人方位，所以被当作指引人生方向的星星，凝聚着信仰。另外，北极星的位置亘古不变，始终位于天空中心，所以被视为天帝之星。据说，时代更迭之际，社会动荡之时，北极星信仰都会像指引新时代方向般适时出现。平将门、源赖朝、坂本龙马、胜海舟也信仰妙见菩萨。现在正是那样的时候。地震后这般迷惘的社会，正需要北极星信仰吧。我想要恢复北极星信仰，创造出信仰北极星的流行宗教集团，然后我想到了“北极星祭典”来祭祀北极星。首先，我开启了前往能势妙见山的巡礼之旅。几十名装扮过的团队成员从能势电铁的主要车站川西能势口车站搭乘列车，在妙见口车站下车，漫步在日本古时传说中出现的山间村落吉川。我们在当地的吉川八幡神社举行了祭神仪式，然后乘坐缆车和上山吊椅，好不容易抵达了位于山顶的能势妙见山。向妙见菩萨祈祷后，结束了第一天。神、佛、外星人、美女齐聚一堂。

　　能势妙见山流传着一个星星国王从宇宙降临人间的传说。为了让这个传说变成现实，从第二天傍晚时分，我们就开启了召唤飞碟的仪式。地点设在妙见山山顶，正是可以放眼望到大阪平野和淡路岛的绝佳位置。我们按照象征能势妙见山的箭羽纹安排演员位置。两周前，成员中有人梦到光从天空洒落，就像传说中的一样。他从梦中得到了“祭祀八个孩子”的启示，这必定是某种征兆。于是我们所有人重复“祭祀八个孩子”八次后，开始演奏。天完全暗了下来，夜空中群星闪烁。我们各自朝着天空歌唱、叫喊和祈祷。吉川八幡神社的宫司 [1] 和能势妙见山的僧侣，通过唱诵祝词和诵经共同打造奇迹般的演奏。能势电铁的社长也朝着夜空大喊。星星国王并未现

---

① 日本神社中掌管祭祀的职位。

身。但我总感觉夜空中有四只眼的人影，还感觉自己被那四只眼窥视。再坚持一下，仿佛国王就会降临。但结束时间迫近，此时若不停止演奏，就有人回不了家了。无奈之下，我们便用"为了向无法看到飞碟的人致歉，奉上'飞碟'炒面"结束。几乎所有的人都拿到了"飞碟"炒面。

能势妙见山的植田观肇副住持发表了以下感想："最后的祈祷时间，吉川八幡神社宫司久次米等很多人都在倾力祈祷，我从中获得了相当宝贵的经验，感受到了过去应该有过的、最原始的'祭典'。每个人都用各不相同的形式祈祷，的确是混沌无序。我想这种情况必定会随着时代的变迁得到逐步改进，从而升华成神道、佛教等宗教也未可知。这次尝试不仅让我感受到我们自己的祈祷是如何发生改进的，同时也在混沌无序的祈祷中看到了改进过程中被丢掉的某些东西。祈祷的时光真的非常愉快，自己的固有观念——瓦解。能进行如此美好的祈祷，我由衷地感谢诸位。"

当地人化身主角欢唱着，祈祷着，舞动着，叫喊着。他们在这次公开、盛大的场面下发现了一些东西，然后回归到普通的生活。举办祭典最大的乐趣之一，就是能看到大家变化的过程。祭典的感染力不仅存在于新世界市场，连在大阪最北端也发挥得淋漓尽致。

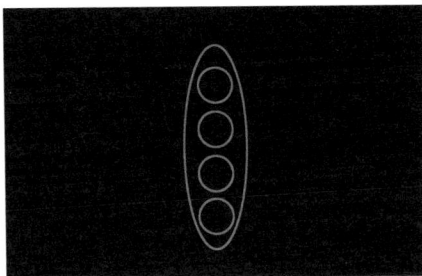

我没能清楚地看到飞碟。但是，我把自己看到四眼人影的事告诉了当时在场的一个朋友，他表示自己也看到了一模一样的形状。除他以外，还有四个人也看到这个形状，只不过我看到的仅是剪影，而那几人说它还在发光。同时看到如此奇妙的形状，真是不可思议。飞碟来过了，的确来过了。

自那以后，乐队"圆盘"应运而生。我 40 岁开始组建乐队，一个为了召唤飞碟的乐队，没有其他目的。乐队成员约有 10 人，既有专家也有业余人员。我们很快接到了邀请，2016 年 2 月，在大阪难波宗右卫门町的 Loft PlusOne West 举办了飞碟祭。当时"圆盘"乐队进行了演奏，成功召唤出了飞碟。有好几人目睹了飞碟，我也亲眼看到了不明发光体。

从那以后，"圆盘"乐队的邀约不断，还参加了地下偶像的活动。我们与十几岁的偶像一起在休息室里等候，在充满年轻、香甜气息的后台待了几个小时。偶像陆续表演完后，就轮到我们演奏了。但客人们对我们毫无兴趣，纷纷跑去销售偶像商品的柜台。会场里未剩一人。

　　2017 年 8 月，我们在兵库县猪名川町的大野山举办"大野山大宇宙祭"，这是"能势电铁艺术线"的活动延续。大野山海拔 753 米，山顶附近有个天文台和露营地。周围地势都没有大野山高，在那里可以 360 度全方位俯瞰美景。北有绫部和福知山，东见龟冈，西边篠山群山连绵起伏，向南则是辉煌灿烂、一望无垠的大阪平原，就像邪恶帝国一样。整个天空满是星辰，从山顶的猪名川天文台发现了好几颗新的小行星。这个场地非常完美。我们决定以"向太空问好！大野山大宇宙祭"为名，召唤飞碟。

　　祭典从中午过后开始，先做下热身运动。大人和小孩一起创作太空语歌曲，制作太空服，编排跳给外星人看的舞蹈。日暮时分，现场演唱开始。为了通知大家有现场表演，我们换上服装在场内游走。露营场地的绿色草坪上游走着一帮发着光的奇妙人群。抵达山顶会场。夕阳的余晖透过云层，呈放射状散射开来，宛若置身天堂。设在山顶的舞台上，开始了第一项表演节目，叫作"给外星人的一发艺①"。朝着宇宙大喊的男子、工薪族在忘年会上表演的走过场歌曲、杂耍表演、3天前被男友甩了的女子演唱的失恋歌曲等，大家都以自由参与的形式向太空展露十八般才艺。正当佐伯慎亮半裸着身体高声吹大法螺，植田观肇副住持登上舞台诵经供奉时，暮色霭霭的天空中出现了不明发光体。刚在猜测会不会是飞机，附近便有想让我们比较一下的飞机飞过。那个不明发光体与飞机完全不同。

ONI，即佐伯真有美在黄昏天空为背景的衬托下，开始高歌。那动听有力的歌声宛若是对宇宙美丽祝福般，融入夕阳。夜幕快要降临时，不明发光体再度出现。这次它虽然还在同一个方向，但位置略有移动，亮光，熄灭，又亮光，像在回应我们的心。

神田旭莉和美琳奴组成的性感滑稽剧双人组"蝶惑星"，向着天空开合大腿，引得山顶满是笑声，像极了为把躲进天岩户的天照大神引出来而跳艳舞的田钿女命②。西边的天空烟花绚烂，据说那天是猪名川的烟花大会。烟花的位置在山顶的很下面，我生平第一次俯瞰烟花。

格雷戈里·沙利文（Gregory Sullivan）开始演奏。弦乐器莱雅琴（Leier）的音色极其温柔，仿佛将万物包裹在其中，让宇宙与人类的感性协调一致。多么不可思议的音色，能让我们敞开心扉，把心中所想完全袒露于宇宙之下。格雷格演奏第三首乐曲时，柴田刚

---

① 发艺是指一瞬间的动作让人发笑或惊讶的技艺。

② 田钿女命是《日本书纪》里的记述，《古事记》则记作天宇受卖命，她是日本神话里出现的女神，被认为是日本舞蹈的起源，后发展成祭祀活动用的神乐。

拍摄到的不明发光体

指着天空说道："有东西！"一道光"唰"地划过天空。感觉像人造卫星，却又不是一直线，而是摇摇晃晃地蠕动着。那一幕在场的约百来号人都目睹了。

之后，轮到我们"圆盘"乐队登场。我们向着奇妙宇宙傻傻演奏，将会场融为一体。我们表演的曲目是为了这一天特意创作的曲子《向太空问好》，大家齐唱"你好！飞碟！"，跳着舞，拉着手，围成圆圈。世界完美了。我们专注于演奏，并未看到什么，但在我们的现场表演过程中，有人拍到了某种不可思议的亮光。

假设我看到的都是飞碟，那么总共看过 5 种亮光方式的 10 次亮光。真是一场夏季夜空的精彩天体秀。不管我们看到的是什么，大人孩子都朝着天空喊叫、感动，并在等待的过程中谈论星星和天空。这真的是非常美妙的奇迹之夜。

后来，有电视台因别的采访去猪名川町，当他们问当地孩子"暑假最快乐的回忆是什么"时，孩子们"大家一起召唤飞碟"的回答让他们大吃一惊。于是，电视台找到我们，希望我们能在节目里做相关介绍。我看了实况转播，孩子和母亲开心地讲述着大野山山顶上发生的事情：我们一边齐声大喊“你好！飞碟！”一边召唤飞碟。

“大野山大宇宙祭”大获好评，“圆盘”乐队的邀约纷至沓来，我们在自己公司里举办了召集新创公司的募资提案活动。在活动上，我们“圆盘”乐队做了表演。也就是说，我在自己的工作场所召唤飞碟。遗憾的是，飞碟并没有出现。

我的小孩几次都想以“圆盘”成员的身份，与我一起站在舞台上。他们已经学会了好几首歌曲及舞蹈动作。有时妻子看完舞台表演后会给出批评和建议。岳母为我们缝制舞台服装。现在，对于我这个召唤飞碟的父亲，家人都温暖守护。今后我还想继续召唤飞碟，以圆我去太空旅游的梦想。

◆ 日下祭

那是 2015 年的事情了。商店街海报展等成果获得认可，我荣获“敢于行佐治敬三奖”。这个奖项是颁发给能彰显三得利前会长佐治敬三精神的、该年度关西广告界的最活跃人士。奖牌上镌刻着佐治先生的亲笔题字“梦”和大阪广告协会会长佐藤茂雄先生的签名。佐藤先生既是京阪电铁的 CEO，也是大阪商工会议所的会长。就是之前在文之里请我喝酒的佐藤。这个奖能从佐藤先生手中接过，我无比开心。

既然已经得奖，就得办场盛大的答谢派对。我把 50 万日元奖金悉数投下，举办了冠以自己姓氏的“日下祭”，并把公司同事、商店街的人和新世界的同伴聚到了一块儿。派对上的食物全部从新世界市场和文之里商店街采购。派对地点设在充满 Flower of Life 回忆的味圆大楼一楼的"味圆 Universe"。这里原先是个大型夜总会，现在是个大型表演场。大厅里摆放着曾被客人和女招待们坐过的、吸足了欲望的呢绒沙发。天花板上垂吊着行星状的灯具，正好应了"宇宙"（Universe）这个名字。舞台背景是平行设置的红、黄、蓝、绿四色霓虹灯管，发出耀眼夺目的光芒。舞台上悬挂着一块用毛笔字写成的"日下祭"招牌。舞台两侧"日下祭"三个大字闪闪发光。会场里空着的墙壁上和会场外都张贴着以前制作的商店街海报。千日前的热闹大街上贴了商店街的海报，不断有受这些海报吸引，想搞清楚怎么回事的陌生人闯入会场。

我的梦想是成为王者，今天是实现这一梦想的好日子，是可以放飞自我的日子。首先我是日本之王，所以打扮成领主的样子。我把自己的长头发梳成"丁髷"发型，将前部和头顶的头发剃去，穿上从古装剧摄影棚租来的豪华服饰，扮成织田信长的模样。一切准备就绪后，我随着北岛三郎的演歌"祭"，坐在神轿上出场。在观众席巡回一周后，坐在了早就摆放在舞台旁边的豪华藤椅上。我的两侧都是公司和新世界的美女。

众人依次为日下王献上表演，此乃日下祭的流程。公司和新世界的同伴轮番献艺，从传说中的宴会节目开始，草裙舞、民谣、让人云里雾里的相扑、前卫舞蹈等节目依次上演。凡是表演者都可以获得日下王亲赐的金币，金币就是巧克力。上半场结束后，我为了换装回到休息室。

我剃去发髻，变成光头，装扮成埃及法老的样子入场后，下半场开始。新世界市场的会长泽野先生和文之里商店街的会长江藤先生致辞。接着，模仿秀、说唱、翻眼皮特技、长号演奏、鹿舞、角色扮演者热情演唱动画主题曲、漫画《筋肉人》的经典场面、以失败告终的霹雳舞等节目连番上演。摇摆舞乐团 The Grace 约 30 名成员分布于局促的舞台和会场中，疯狂跳舞。电通关西分公司的前社长内海先生也乱挥领带，拼命跳着扭摆舞。

舞中之凤是“地车杂子神龙”。大鼓的震响直达腰间，钲在会场奏出尖锐的响声。编入基因中的祭典之魂蠢蠢欲动。大家都尽情舞动，我也在跳舞。会场一片混乱。无论是打工族、精英、不良少年或是前分公司经理，都混在了一起。

最后是我致辞。我裹着一条兜裆布站上舞台。面对汇聚于此的各位，我满怀感激，但也不能只简单地道声谢谢。我必须搬出日下祭风格的致谢方式。

“今天虽说是佐治敬三奖的获奖派对，但我只想用这 50 万日元奖金和大家玩乐一番。仅此而已。我啊，得了佐治敬三奖之后的确

变得伟岸起来，经常被在场的内海前分公司经理叫去董事室。有那样的家伙吗？没有。的确在媒体中的曝光率也在增加。非常感谢各位媒体朋友！我也和京阪电铁的 CEO 佐藤先生喝过酒。还有哦，马上啦，就和与流浪汉一样的、那个叫 Han 的家伙去喝酒。有那样的家伙吗？没有！"

"喂，日下！""你当自己是谁啊！"倒彩和物品横飞。我不管不顾地继续说道。"各位打工仔们也是，虽然你们跟我的年收入相差甚远，但你们也无须气馁嘛。听好了各位，这里的打工仔朋友们，他们的薪水可少啦。还有连保险金都付不起的家伙。但是，他们啊，都在拼命地……"

　　更多的东西猛烈地飞来。装饰用的"日下"银色大字被扔上舞台，砸到我的身上。"日下"被抛到了日下身上，害我跟跄了一大步。我步履蹒跚，但仍紧握麦克风继续说。聚光灯照在我身上，灯光炫目又温暖。我张开双脚，伸直手臂，摆出大字形状，除了一条兜裆布，用全身来接收灯光。我的全身闪耀着金色的光芒。这是我迄今为止人生中最光辉的时刻。我的迷惘没有错，还好我选择相信自己，还好我选择相信广告，还好我没有辞职。谢谢大家，谢谢世界。我是王，只有这一天是王。赤裸裸的王，外表也是赤裸裸的。各种物品朝我飞来，砸在我的脸上、头上，我还被洒了酒。有人想要脱掉我的兜裆布，有人想抱我，在场的人纷纷涌上舞台，我的人生配角们不断上场。灯光中，我看见妻子上来了。我不知道她也来了。

　　最后，妻子在只裹一条兜裆布的我身旁致辞："虽然他说了那么一番话，但我想他是真的感谢大家。谢谢各位。"

　　铜锣高声敲响。赤裸裸的"王"被高高抛起，在色彩斑斓的味圆 Universe 的空中飞舞。祭典结束。

　　祭已。摒弃腼腆和顾虑，成为傻瓜。

◆ "傻瓜"的结局

　　2013 年 3 月，妹妹离世两年半后，母亲亡故。一定是妹妹的死对她的打击很大吧。新世界、文之里的海报展深受好评，正欲乘风破浪之时，我的人生再度停滞。就像体温下降了 3 摄氏度一样，一直倍感寒冷，寒彻骨髓。这种寒冷任谁也温暖不了，即便是自己的家人也无能为力。我孤身一人。

　　俗话说人死七七四十九天，过了 49 天后我的体温回升了。身体和心脏动了起来，一点点开始习惯死亡。我不能一直消沉下去。就像静止的潮汐重现波澜，我的人生需要再次起航。我不能就此停止。所以我变成傻瓜，近乎疯狂的傻瓜，变成傻瓜来跨越母亲离世这道坎。

人终归一死。我明白，触摸遗体时感受到的冰冷和僵硬，是无法逃避的现实。所谓死亡就是人变成了物质。

我自己也曾患病。自以为会一直健康，却毫无征兆地得了病。人未必能够始终健康地持续工作。而且拥有经验和技术、年富力强的时间也不长。人生苦短，真的十分短暂。遗憾而幸运的是，我亲身体会到了这一点。

我生病疗养期间，正好发生了东日本大地震。我已经无法像从前一样利用时间了。只要没在其中找到行动的意义，身心就无法行动。我已经没时间再做无用功了。

乔布斯罹患癌症后，每天早晨站在洗脸盆前，对着镜子中的自己说："如果今天是我人生的最后一天，我正要做的事真的是我想做的事吗？"我也试着这样做过。早上起床洗脸后，我问自己："如果今天会死，我可以做这种事吗？"但我只坚持了3天。因为我怎么都做不到想今天是最后一天。但那以后，我始终把"摒弃腼腆和顾虑"记在心里。因为害羞而不做某事，因为有所顾忌而不做某事，我暗下决心不再害羞和有所顾虑。我曾以为，日后还有机会，下次再做就好。可机会不会再来。就算机会幸运地再次降临，也是几年后，甚至是几十年后的事情了。那只会浪费时间。现在就必须做起来。因为有了这种想法，我做事变得事事全力以赴。迈出一步，就能成为傻瓜。所以我在这里写这本书。

佛教中存在"大愚"的说法。蠢笨至极就能开拓人生，翻译成英语就是史蒂夫·乔布斯的名言"stay hungry , stay foolish"（求知若饥，虚心若愚）。我的道路的确拓宽了。二十几岁时，我蠢得不够彻底，郁郁寡欢。明明可以凭借年轻变得更蠢更笨，却偏要装帅耍酷。现在我摒弃了腼腆和顾虑，将一切和盘托出。成为傻瓜轻松无比。

变成傻瓜后，身为文案撰稿人的我，获得了佐治敬三奖，Good Design 奖和其他很多奖项。与普通的文案撰稿人所站的位置不同，作为一名稀缺文案撰稿人，我感觉良好地推进工作。

我也作为摄影师开展活动。每天摄影必不可少，将拍摄到的照片上传到名为"隙ある风景"（一窥囧镜）的照片博客上更新。有余力的时候也展出照片，与摄影师说脱口秀。偶尔也到摄影专科学校去担任讲师。每天勤勤恳恳地拍照会带来幸运。我的照片受到了编辑都筑响一先生的赏识，并在他的电子报上连载。我的照片能获得长期关注顶尖艺术的都筑先生的认可，真的让我非常开心。不借助任何人的力量，凭一己之力制作有趣东西的目标达成了。从那以后广告的工作变得轻松。即便不能做有趣的广告，拍照有趣即可。放松到此等程度后，反而能做出有趣的广告了，真是不可思议。

召唤飞碟。为了召唤飞碟设立的"圆盘"乐队每两个月搞一次现场活动。2018 年 5 月的召唤成功率达到 40%，真是不错的数字。现场活动的邀约很多，我的梦想是去太空旅游。

进入电通时，我们必须在介绍新员工的刊物上写下公司目标。我写的是"成为前卫的工薪族"。当时我是凭感觉写的，现在想想就像是预言。我往来于广告界、摄影界、音乐界、电影界、新世界和宇宙之间，作为工薪族可以说很前卫了吧。虽然那些能力还有待进一步提高，但与二十多岁时的我相比已有了翻天覆地的变化，我还是很满意现在的自己的。之所以能成为这样，也是因为能诚实倾听自己的心声，直面问题。广告中的违和感、工作中的违和感、社会中的违和感，还有自己身上的违和感，不是察觉到了后听之任之，而是积极面对并努力消除，所以才成就了今天的我。

二十几岁时，我就一直很在意一句话，叫作"逐二兔者，不得其一"。我曾烦恼，边做广告边摄影会不会两样都做不好。但努力坚持了 10 年后，两者有了关联。现在甚至关联上了我喜欢的音乐、文学和对社会的关心。二十几岁时觉得自己无所不能，结果什么都不会。三十几岁时明白做不了全部，却能做到一部分。

就像支流汇集能形成洪流一样，现在正有一条大河在我的体内流淌。那水量之多、水势之强，推动着许多人和事。这条大河看起来暂时不会干涸，还会奔流不息。

附录

「傻瓜」构建的街区和广告

从本章开始是附录，将介绍我负责推进的各类企划，还有从这些经验中得出的"好的工作方法"。平时，我都会以"傻瓜构建的街区和广告"为题进行演讲，演讲的内容与这里所写的大致相同，希望能对大家的日常工作有所裨益。如果有人想亲自听我说，也可以找我去演讲或让我参加类似活动。

有趣 × 益于社会

商店街的海报展之所以大获成功，归根结底在于海报本身很有趣，但仅是有趣是不可能广为流传的。秘诀在于"有趣"同时"益于社会"这点上。也就是说，包含着"有趣的海报"和"搞活商店街经济"两方面因素。只要兼顾了这两方面因素，企划自然就能名扬远播，不断有媒体进行报道了。承蒙媒体的广而告之，商店街的海报展没花什么钱就有了不错的宣传效果。

接触了电视台、报纸杂志等记者后，我发现他们并不是凭借喜好来报道杀人、政治或绯闻的，而是一直在寻找题材。对他们而言，兼具"有趣"和"益于社会"的信息才是有价值的。如果把"有趣"和"益于社会"换成"热点"和"公益性"，就更一目了然了吧。若非热点就无法引起大众的兴趣，更谈不上收视率和浏览量。但光有话题，没有公益性，就不值得在新闻中报道，那种资讯交给综艺节目就好。反之，如果只是"益于社会"又太过一本正经，就很难形成话题。但如若两者兼备，就会极大地提升新闻价值。即使不是极度有趣，"有趣"与"益于社会"的比例可以是５：５，或者３：７（我的目标大致是７：３）。不过很多人的目标设在１０：０。也就是说，他们想的是制作与社会毫无关系的"有趣"企划，而没想过在这世界上纯粹有趣的事物很多。在电影、小说、笑话、网络视频等所有媒介都成为你竞争对手的今天，广告要靠有趣胜出难上加难。所以我才敢于且非要做到"有趣"和"益于社会",好让企划广泛传播。我在有趣之中混入些许对社会有益的元素,而在对社会有益的事物中尝试增加趣味。这样一来,传播方式就截然不同了。

当然,报道本身并非全部,以新闻报道为目的是本末倒置,但报道的效果确实显著。有些人就是看了报道后慕名而来,而被报道这一事实对于赢得对方的信任大有裨益。特别是对年长者而言。"我们街道上电视了!"的方法非常奏效,会立刻赢得他们的信任。

加之,"有趣 × 有益社会"让参加者的队伍日益壮大。无论是谁,多多少少都怀有让世界变得更美好的想法,但是真正参与到活动中来的人只有看起来"斗志高昂"的那部分。一般认为这部分人容易创立非营利组织,开展"斗志高昂"的活动。只不过如果在其中掺入"趣味"元素,"我也想试试"的人就会越来越多。以商店街的海报展为例,就是"制作独一无二的海报"的"趣味性"和"搞活商店街经济"的"社会有益性"两者结合的产物。女川海报展中,"支援灾区"就是对社会的有益性。社会海报展中,"制作非营利组织的海报"体现的就是"有益社会"。广告创意人有不少与我一样,都带有"煽动消费"的罪恶感。从几年前开始,在世界戛纳国际创意节上,向善(for Good)已成为潮流。我的想法是,广告的力量即是灵感、优质海报、制作影片的力量,不仅是为了提高商品销售业绩和品牌价值,也应该应用到解决社会和地球的课题上。这的确很了不起,但在普通的工作中几乎不可能实现。做广告提高了多少销售业绩？是否提升了知名度？点击数是否增加？浏览量是否变多？对于被要求立刻体现广告效果的广告人而言，是无法用"点击量虽然不多，但对社会有益"来回应的。正因为如此，贡献社会的机会对于创意人来说更有意义。

有趣×益于社会×利于自己

对于广告制作人来说，自由创作的环境是获得广告奖的机会，也是链接下一个更好工作的契机。其实，很多参与进来的人都得了奖。说到"想得奖"，会让人觉得只想着要荣誉很世俗，但对于从事广告制作的人来说，获奖除了满足荣誉感之外，更有精神稳定剂的作用。获奖能让人放心。对于年轻的创意人来说，获奖是"能以广告创意人身份继续做下去"的护身符，对于得过多个奖项的创意人而言，获奖是坚信"我想得没错""我还可以继续干下去"的明证。这种安心会让人内心沉稳，从容轻松地面对下一个工作，制作出更好的作品，这样就能再次得奖，把工作做得更好……形成良性循环。相反，如果得不到奖，就会和过去的自己一样，陷入"我很无趣，我没有才能……"的恶性循环。从这样的经验来看，商店街海报展就是一个给年轻人提供机会和成功体验的场所。只要有一次成功的体验，就会相信自己"也能制作出有趣的东西"，使事业蒸蒸日上。

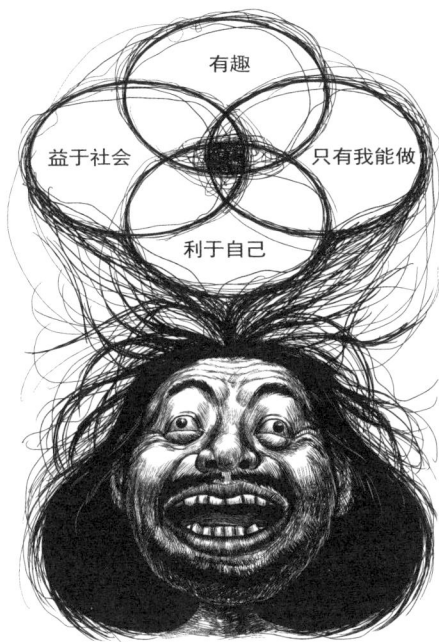

这也是向公司和社会宣传"自己能做出有趣东西"的机会。获奖是帮助推销"自己是优秀创意人"的素材。即便没得奖,自己的潜力也能在海报上展现。"用那个海报的感觉来企划吧"——有些参加者会因此受到前辈的工作邀请。很多参与女川海报展的人都是自由职业者和小机构成员,海报展会成为接到工作的机会,"我想和那个有趣海报的制作者××先生一起工作"。作品极大地有助于他们的自我宣传和推销。

对于广告制作者来说,"有助于自己"的东西就是"得奖"。每个人都有"有助于自己"的东西。我在东北灾区见过好几个志愿者学生。诚然,他们都是抱着为灾区做贡献的心情而来,但时而也能窥见他们的如意盘算:做过志愿者有利于找工作。对于学生们来说,这也是"有助于自己"的地方。此外,通过参加某个项目拓展人脉、结识潜在客户也是"有助于自己"的。哪怕他们另有所图,只要他们的行为能让社会变得更好,让地方社会活跃起来,我觉得都是很了不起的。

有趣×益于社会×利于自己×只有我能做

"只有我能做"的这种特质，让海报展相比其他企划，更有特点。只有从事文案撰写和艺术指导职业的人才做得了海报，所以才能制作出有别于其他的震撼海报。就算我们给海报街做了大扫除，应该也不会成为新闻吧。

有句源于拉丁文的标语说得好，"Pro bono publico"（为公众利益），意思是要为社会义务提供专业技能。这句标语虽起源于律师免费为市民提供法律咨询服务，但如果用到搞活商店街这个课题上来，也适用：木工就可以帮忙改造闲置店铺，会计师可以帮忙处理商店街的会计业务。这些独特的技术可以萌生出新的差异。

如果我们将"有趣""益于社会""利于自己""只有我能做"4个方面结合起来作为主轴做企划，就能创造出强有力的作品。请大家在思考策划时参考。

在供给不足的地方提供

待过大阪和东京广告创意第一线的我，曾有一个疑问：东京的广告创意太过集中，而且已经超过了实际需求。举个例子来说，假设 A 公司要上新产品，需要进行新品宣传活动的竞图比稿。从电通、博报堂、旭通DK、大广等综合广告代理商，到名为创意精品（Creative Boutique）的小型专业企划公司，各式各样的广告公司都会参加。假设受邀的公司有 10 家，每家提出 3 个方案，就会有 30 个方案，而其中只有一个方案会中选。各家公司除了提交的 3 个方案之外，还有更多的方案中途夭折。如果每个组有 3 名创意人，而每个创意人准备了 20 个方案（20 个算是少的），就是 60 个。再从中选出 3 个。如果 10 家公司各自想出 60 个方案，那被选中的概率只有 1/600，更何况被选中的那个方案未必是最好的。

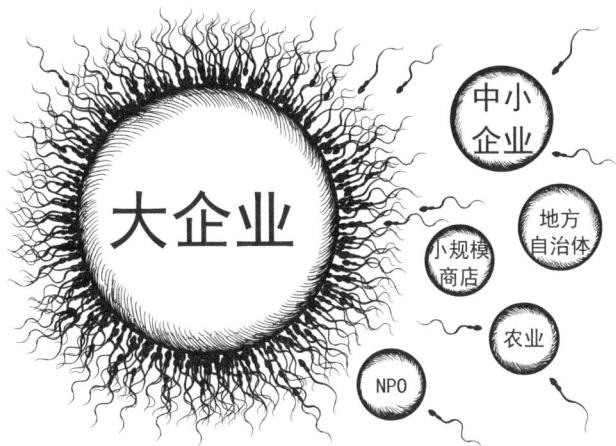

商品供过于求时价格下跌，同理，创意供过于求时也会导致价格和质量的下降。但地方的创意供给量远远不足，而需求量却非常多。企业自不用说，地方还面临着许多问题。广告创意人可以解决的问题不胜枚举，却没有相应的供给。所以如果有一点创意点子，就会立马被采用，就像干燥的海绵可以吸收大量水分一样地吸纳创意点子。也就是说，如果把创意提供给对方，好的方案就会通过。不用去东京，也能在地方做有趣的事。几乎所有的广告创意人都向往东京，认为只要去了东京，就能做出更有趣的东西，会有更多能理解创意的客户。其实，我也曾那么认为。而地方却有着更多更迫切的需求，所以才必须为他们提供方案。地方有了方案供给，就会变得更好。我亲自操刀的企划是出于这个目的，其他很多企划也是想要达到这个目的。鹿儿岛的 ODK 就是跑去没有设计的地方，给他们提供设计的。

让创意的过程充满创意

商店街海报展的成功，让我开始相信广告制作人的潜能。以前我曾深信，包括我在内的广告制作人都不如艺术、电视、电影、漫画、文学等其他领域的创意人有趣，但后来才知道并非如此（其实部分原因在于其他领域的创意人轻视广告制作人）。就算没钱，没艺人，广告制作人如果能把用在"通过"上的精力用到"制作"上，也能创造出轰动世界的强烈表现形式。这种事连不是著名创意人的新员工也能做到。广告创意人并不逊色于其他领域的创意人。

但是，现状就是不得不在"通过"上耗费精力，所以我们必须让创意过程变得富有创意。在做近畿大学的广告时，虽然收费，却得到了完全的自由。我们就能把所有的精力全部投入创作，这便是理想状态。就算这样难以满足，也可以像大丸·松坂屋的案子那样，手绘草稿由客户确认，其后任由我们自由发挥。花在"通过"上的精力应尽可能减少。我每天都在尝试自己可以在商业领域做到什么程度，而不局限于义务劳动。

量比质更重要

海报展的作品数量远比其他广告宣传活动要多。新世界市场的海报约有 120 张，文之里和伊丹的海报约有 200 张。若是精挑细选的一两张，断不会引起热议，正是有将近 200 张的海报才会引发话题。老实说，这些海报中也有不太有趣的，但比起一张张仔细甄选，只要连续浏览的观后感有趣就足够了。三户夏芽的音乐录影带如果只有一部，就不会引起热议了吧！比起质优，量更有绝对优势。

如今是偶像团体成员都有 48 名的时代。或许已是量胜于质的时代了。在以前，广告可能只占据一页报纸、火车站或电车的一角、15 秒到 30 秒的电视时间等等，传播媒介比较有限。但商店街有的是空间，网络上的空间更是无限。正因为如此，我们才能成功。与其展示一件质量超群的物品，不如展示多件优质产品，更能在客人心中留下印象。量比质更重要，也是我从编辑都筑响一先生身上学到的东西。我以摄影师的身份在都筑先生的电子杂志上连载时，都筑先生只有一个要求："拍更多的照片来。"给都筑先生的稿件中总配有大量的照片。这样，就能抵达只用一张照片无法企及的境界。

个人认为，从 0 分到 70 分所花的劳力，与从 70 分到 100 分所花的劳力相同。让已经达到合格水平的东西趋于完美是需要很多时间的，必须更加注重细节。在海报排版上可能是几毫米，在影片里可能是 0.1 秒，在文章中可能是不断推敲的修正作业，这些地方都需要耗费巨大的精力。当然，最后的精雕细琢会萌生魄力。100 分的作品拥有巨大的力量，能做到这点才是一流行家。但我很不擅长这种事，不太在意细节上的差异。因为就算我拼命在细节上精雕细琢，也会想着反正观看之人看不出其中差别，所以不需要把力气耗费于此。制作一件 100 分的作品，不如制作两件 70 分的。与其对一样东西非常执着，不如再做一个。量比质更重要，逐渐成为我的风格。

量积累到一定程度，就会形成质量卓越的成品，那便是商店街的海报展。我在讲述大丸·松坂屋的企划时也曾提及，公司前辈评价那是"民族志创意"。与从企业、县、市、城市等宏观角度出发不同，我们是从个人或店铺的微观汇聚来表现整体的。100 位员工汇聚在一起，"大丸·松坂屋百货店"这个品牌就跃然纸上了。

课外活动

正是因为参与了自我祭，才有了商店街的海报展。而参加自我祭是因为我一直在坚持摄影。与公司无关的课外活动，让我有了一直待在公司无法企及的突破。谷

歌过去有条"20% 规则"，意思是工作时间的 20% 必须花在与普通工作不同的事情上。所谓"必须"就是义务。电通里从事音乐、喜剧、格斗技术等课外活动的也大有人在。我的课外活动是促成商店街海报展的诞生，而另一个课外活动召唤飞碟也逐渐成了我的工作。

当然，课外活动并不会马上变成工作。正当我因为赚不到钱而不知如何是好时，新世界市场的前任会长泽野先生给了我一句至理名言："日下你听好，虽然现在你没赚到钱，可是你正在赚人。"

正如泽野先生说的那样，之前构筑的人际关系正在为我带来工作。

我的舞台我做主

"请给点有趣的工作吧！"年轻时候的我愚不可及，经常对着周围人这么说。结果，丝毫不见半点工作的影子。现在回头想想，那也难怪。自己都没在干什么有趣的工作，有趣的工作又怎会送上门呢？当初的我，把做有趣工作的希望，全部寄托在了别人身上。

要做有趣的工作，就得自己动手。一味坐等，是等不来什么的。就算运气好，偶尔摊上几样有趣的工作，也不过是接来的单子，处处得听客户的意见。自己真正想做的，未必都能实施。倘若如此，倒不如自己放手一搏。自己的舞台自己做主，岂容得别人置喙。

巴黎时装周的时装秀上，模特们穿着前卫新潮的服装在 T 台走秀，"那些衣服平时谁会去穿？"它们是各大品牌最顶尖创意的集中体现，可惜，走秀台上的服装几乎都与店头陈列无缘。同样，东京车展上展示的未来车型，连怎么坐上去都无人知晓。在生产制作领域，日常生活和特殊节日向来泾渭分明，其实广告业也可以设置这样的舞台，举办有别于日常生产的、平时难得一见的、汇集顶尖作品的祭典活动，充分发挥创意人天马行空的创造力，同时也能对工作上的营销有所帮助。

构建自己的领地

　　生病之前，我一直走在所谓广告创意人的道路上。作为撰稿人，精练技术，获得奖项，服务更好的客户，目标是最终成为明星广告人。每天一步一步地踏实前行。可是，走在这条路上的人好多，以致交通拥堵。而我只能走下去，因为眼前只有一条路。直到获得 TCC 最高新人奖，才终于看到了曙光，可此时的我却病倒了。

　　当身体恢复重新回到这条路上的时候，我发现自己再也攀不上去了。因为尚未痊愈的我，不可能像普通人

一样工作。这个世界，多的是比我更努力的能人志士，胜出已无可能。于是，我从这条路上退下来，在没有路的地方苦苦挣扎，好不容易走到了只有自己一个人在的地方。在只有自己一个人的地方很轻松，因为那里只有自己，自己永远会是第一。而对于其他人来说，除了我以外，那个地方再无他人，所以我倍受珍视。于是，只有我才能胜任的工作来了。在竞争中胜出固然重要，敢于从竞争中退出也是明智之举。

留存

我总在工作中思考"留存"的事。广告的寿命，在报纸上是一天，贴在车站里的交通广告大致为一到两周，而电视最长也不过 3 个月。

虽说如此，新世界市场的海报从最初张贴已过去 5 年，却依然存在，还在吸引众人目光。

在新世界市场贴出一年后，海报占据了报纸的整个版面，也是因为留存。文之里的海报在活动结束 5 个月后，在网络上蹿红。然后在结束 3 年后又成了新闻。上述种种皆是留存之功。

大野市的企划同样如此。我想与大野市一直维持关系，但不知能维持到何时，于是我在大野竭力思考如何"留存"。以留下歌曲、留下海报展这种方式，留下摄影集，留下照片和文字的技术。

同期在奈良县樱井市推进的工作亦是如此。我接到樱井市的委托，希望能帮忙吸引入境旅客。但要向全世界做宣传，单靠樱井市毫无意义，所以我建议应该大范围联手合作。将樱井市、天理市、宇陀市、曾尔村、御杖村、矶城郡组成 YAMATO（大和）区域，并以此为主体来发送资讯。然后，以 YAMATO 的名义制作相应的宣传手册、网站和视频。宣传手册和网站都有留存。但我最想留下来的是"跨区域联合行动"的这种关联，即名为 YAMATO 的区域。

"软件性硬件"似乎比较符合当今时代的潮流。留下硬件，会被诟病为"箱物行政"①，不符合时代要求。不过把歌曲、海报、做法、关联等"软件性"材料保留

_____

① 箱物行政是指国家和自治体的政策，是把重点放在建设竞技场、美术馆、博物馆、游泳池等公共设施上的政策。但建成的公共设施没被有效利用，造成税金的无端浪费。

一段时间非常重要。只要商店街在，商店街的海报就会一直留存。《回来大野吧》的歌也会每年传唱下去。如果可以，我希望可以留存几十年、几百年。当然，也包括这本书。

摒弃腼腆和顾虑→成为傻瓜

在大阪，"你真傻啊"是对人的最高赞誉。这句话的意思应该与"你做了什么出格且有趣的事啊"比较接近。织田信长口中的"蠢货"或许就与之大同小异。鹿儿岛也有"莽撞之人"一词。我一直留意要做个"傻瓜"，特别是在搞活地方经济工作上更是如此。地方创生 ① 常有云："让地方活络起来，依靠的是年轻人、蠢人和外地人。"无论是在大野还是新世界，我都是"年轻人（虽然不是那么年轻）、蠢人和外地人"，所以才能留下不错的结果。我认真地认为，变成"蠢人"才能搞活地区经济。然后，我巡回地方，看了各种各样的案例，更确信那是事实。

长野奥信浓有一份名叫《鹤与龟》的免费报纸人气很旺，上面只刊登老人的照片。创刊发行人小林真是个"傻瓜"。我曾想为什么只刊登农村老人照片的报纸能存在，若非真的很傻，应该不会做这事吧。

---

① 地方创生在于建构培育人与所在环境的相互关系。通过广泛且专注地经营地方品质，打造地方城市的共享价值、社区能力、跨领域合作，是韧性城市与活力社区的基础。

其他地方也有"蠢人"在从事振兴城市的工作。中国台湾台南市的正兴街上，一帮年轻人做着傻事，硬是把 5 年前门庭冷落的街区打造成了当今台南最受欢迎的景点。他们也大胆参考了商店街海报展"'傻帽'兼自暴自弃"的精神，持续进行着自己的振兴活动。我们之间存在某种共通之处。

小林先生所著《鹤与龟录》的卷尾写有以下一段文字：

若问奥信浓的爷爷奶奶们有何魅力，
回答是生活能力很高，生存能力很强。
的确都是魅力，但我认为那些不是最重要的。
那是什么呢？我脑海中浮现的是

在奥信浓这个绝不容易生存的地方，

一边调侃着"没办法哪"一边顽强生活的场景。

因为我自己现在也在生我育我的奥信浓

想要怀着那种心情活下去。

我想这些爷爷奶奶们

很少有机会选择在哪里生活，

所以他们几乎所有人都抱着"算啦，只能在这里活下去"的想法

生活至今。

相反地，我从小就在被告知可以去做想做的事、

可以选择在任何地方生活的环境中长大。

有幸生在这便利而又自由的时代，我去过许多地方，

在网络上看过各种资讯。

但是，即便是容易生活的地方似乎也有艰辛，

为了过上"美好生活"必须取舍的东西太多，

有机会选择，反而变得有些麻烦。

既然如此，还不如在生我养我的奥信浓过"没办法哪"的生活。

虽然口口声声没办法哪，没办法哪，但也不是那么悲观。

……

今后我也会想办法在能活下去的情况下，在奥信浓

抱着"没办法哪"的心态继续生活。

"就像爷爷奶奶们一样。"

　　"虽然想去大城市，但没办法哪，就在这里做吧"，我就是抱着这样的心态下定决心："既然如此，就把现在生活的地方变得有趣"，于是萌生了要振兴当地的想法。这个道理也适用于组织。现在所属的部门很无趣，换到其他部门或许就会变得有趣。目前的公司不适合我，换到其他公司就能做我真正想做的事。可能的确如此没错。但，就在此时此地尝试改变，我觉得也许更加重要。

　　那么，现在该怎么做呢？摒弃"腼腆和顾虑"，变得愚蠢，像个"傻瓜"那样去尝试吧。我想唯有如此，前路才会出现。

　　大阪、东京、名古屋、仙台、福冈、大分、大野、饭山……如果各地的"傻瓜"都能做些有趣的事，从而迎来文化群雄割据的时代，那就太棒了。"您干得真不错""您也是"，我想倘若大家都能像这样互相尊重，日本将会更加丰富，我们所生活的地方也会有更多快乐。今后，我也会在大阪这个城市，继续这样那样地折腾。我的话有点太多了，就此打住。

海报展作品集

2

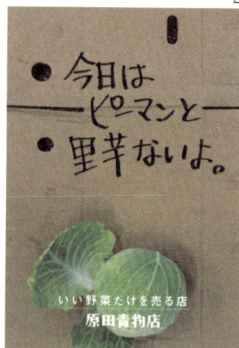

3

1

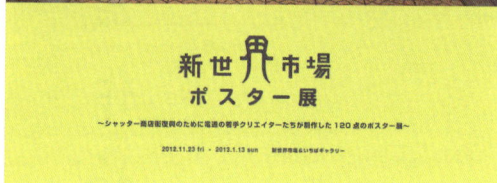

6

5

4

新世界市场

8

7

10

9

13

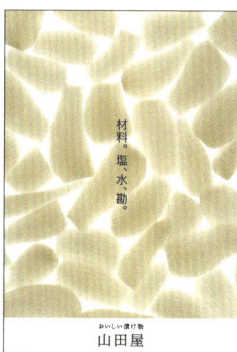

12

11

15

14

18

17

16

新世界市场

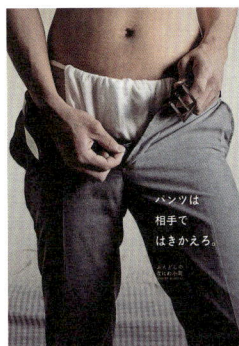

21

20

19

24

23

22

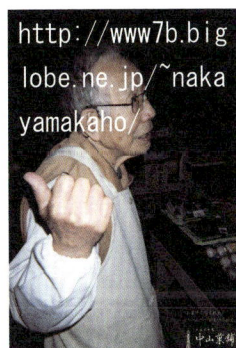

26

25

文之里商店街

9

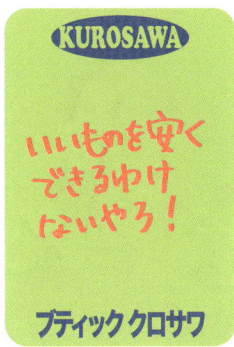

8

7

12

11

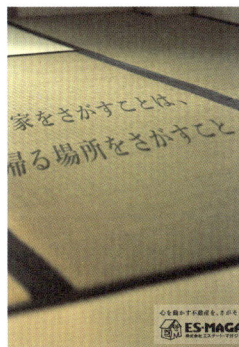

10

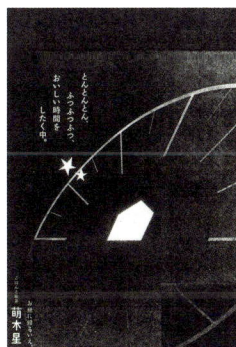

15

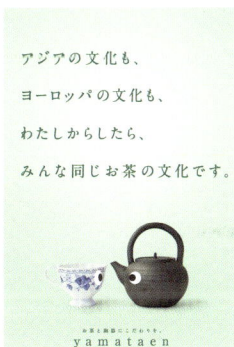

14

13

18

17

16

21

20

19

24

23

22

文之里商店街

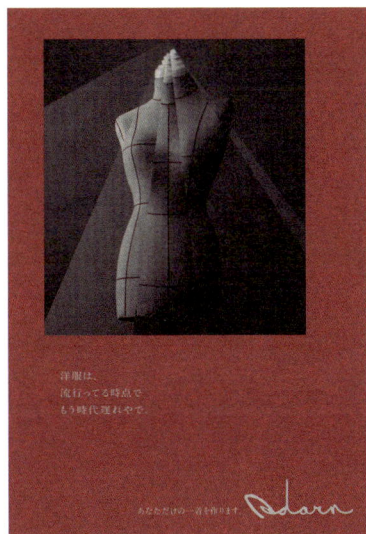

26

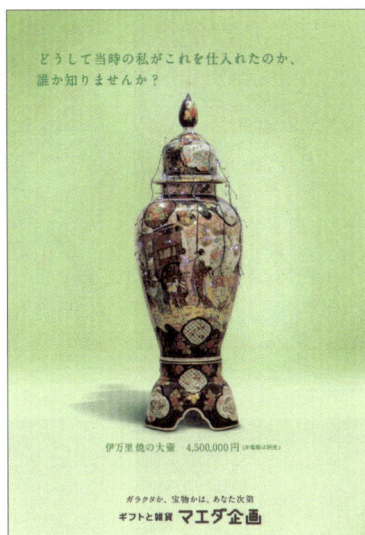

25

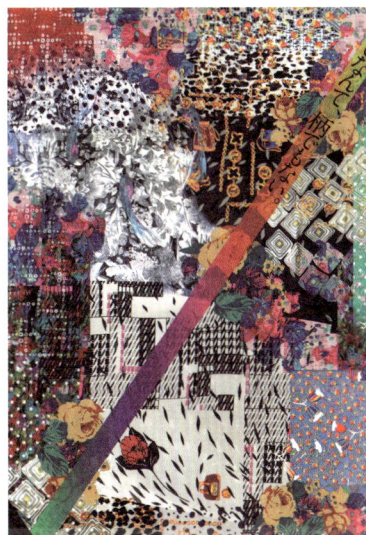

28

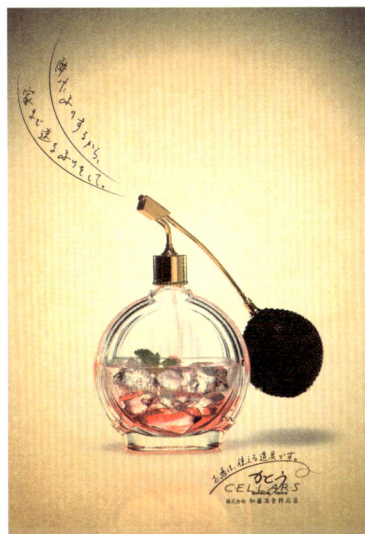

27

31

30

29

34

33

32

37

36

35

文之里商店街

40

39

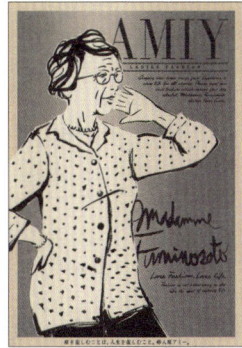

38

43

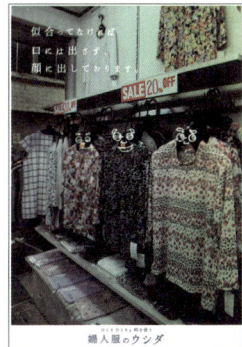

41

42

45

44

47

46

文之里商店街

49

48

51

50

2

3

1

6

5

4

伊丹西台

9

8

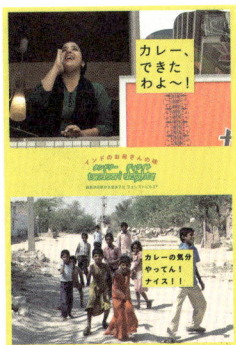

7

12

11

10

15

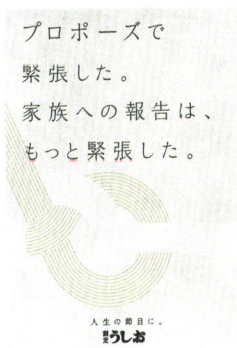

14

13

18

17

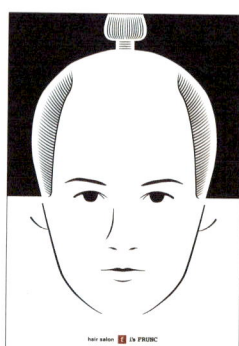

16

21

20

19

24

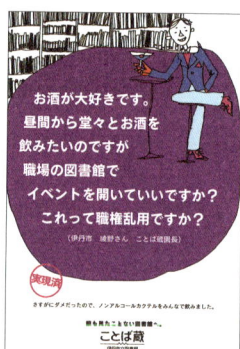

23

22

伊丹西台

26

25

28

27

31

30

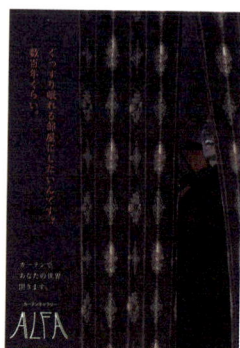
29

34

33

32

35

伊丹西台

38

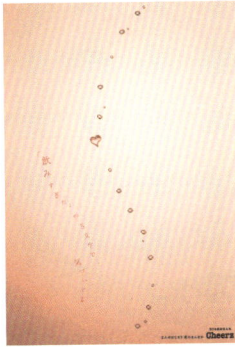

37

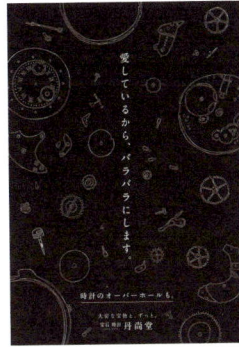

36

40

39

どれほど時間がたったでしょう
ふくろうの声とともに
空にはいちめん
宝石のような星が輝いています

どこからか音楽が
きこえてきました
ふたりは不思議な木といっしょに
ノリノリで朝までおどりました

よがあけ ふたりは
チューリップ畑のある
かわいいおうちをみつけました
すてきなおばあさんが呼んでいます
ふたりは ここで暮らすことにしました
ゆーかりという名前の このまちで

2

3

いいがらいいがら　見さございん

1

6

5

4

女川

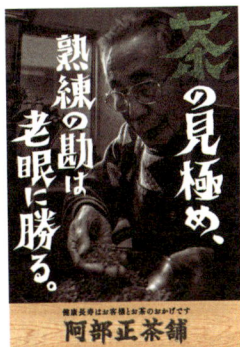

9

8

7

12

11

10

15

14

13

17

18

16

21

20

19

女川

24

23

22

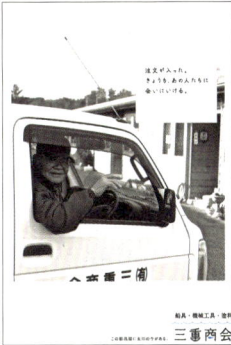

27

26

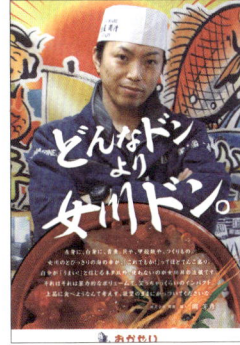

25

30

29

28

33

32

31

35

34

36

女川

39

38

37

41

40

44

43

42

大野

買わんでええで 見てってのぉ

大野ポスター展

〜大野の高校生たちが作った大野のお店のポスター20点〜

2017.9.24-11.24

9

目に見えんから
手は抜かん

九頭龍設備

7

中山暉代子（72）
特技は、ゆ・う・わ・く

ポルタ

8

切っても、
切れない
仲になる。

また、遊びにきての

Hair Make R-oup

12

大野の事故なら
ドンとこい！

HASHIMOTO　三井住友海上

11

今から家、
動かしまーす。

建物のことならなんでもドンとこい！西川工務店

10

15

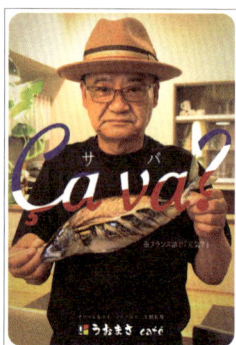

14

13

18

17

16

21

20

19

大野

2

3

1

6

5

4

大分

9

8

7

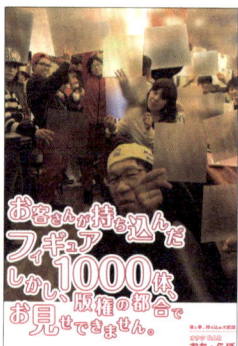

12

11

10

15

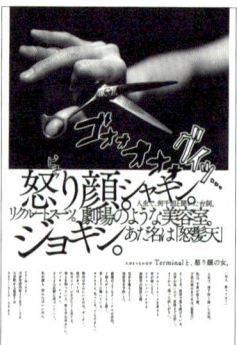

14

13

大分

18

17

16

21

20

19

24

23

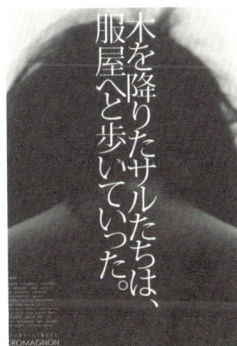

22

社会海报展

9

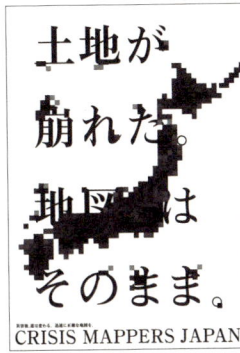

8

7

11

12

10

14

13

16

15

社会海报展

18

17

20

19

2

1

4

3

6

5

8

7

大丸•松坂屋

10

9

12

11

14

13

16

15

2

1

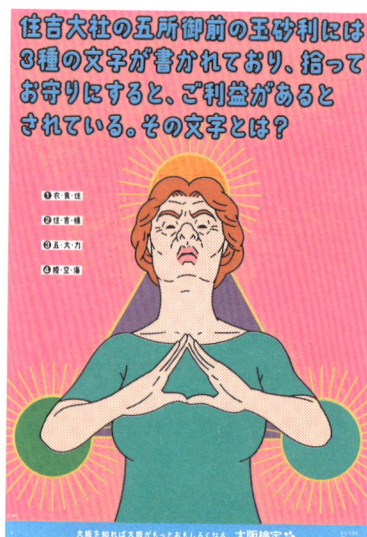

1

3

近畿大学、大阪検定

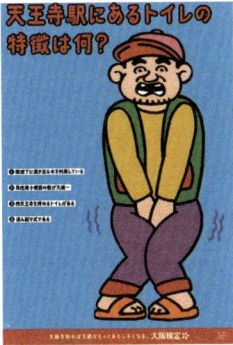

4

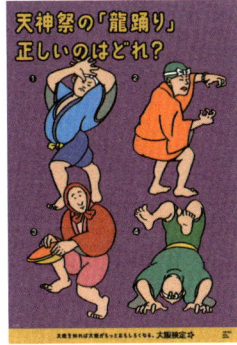

3

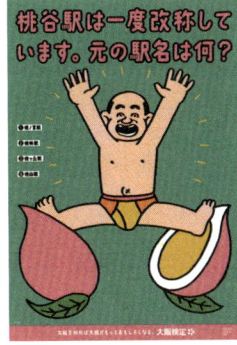

2

7

6

5

10

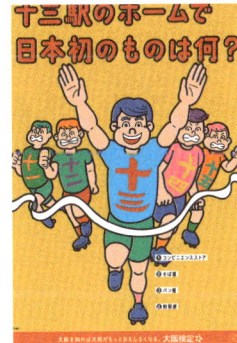

9

8

大阪検定

●新世界市场

1. 不买也无妨，先过来逛逛呗！

新世界市场海报展

电通年轻创意人为振兴卷帘门商店街制作的 120 张海报展

2. 一半店关着？但还有一半店开着，这样不是也挺好！

3. 今天不卖青椒和小芋头哦。

4. 心中有你，口中有红豆泥。

5. 要选哪种呢？哪种都好！结缘。

6. 有好事吃米。没好事也吃米。大米丰收。

7. 不用去任何地方，也能去任何地方。

8. 没有歌词的恋曲，也是有的。

9. 戴上假牙，纵情释放。

10. 年金比销售额还多哩！

11. 比起穿夹脚拖鞋来，穿着木屐的夏日祭典更让人开心。

12. 材料。盐、水、直觉。

13. 超乎想象的美味多汁！

14. 新世界第一的茶叶。新世界市场只有一间铺子卖茶。茶铺大北轩。

15. 选花的时间就是思念的时间。买束花送给他 / 她。

16. 身为女人，在一个自己能穿好和服的女人面前，总觉得逊色。

17. 婆婆叫了救护车后，用尽最后一点力气换衣服。

18. 烤肉店算啥，我们更赞哦。

19. 美食多的地方，要洗的餐具也多。

20. 既是兄弟姐妹吵架的原因，也是握手言和的机会。

21. 内裤因对象而换。

22. 我想做这么大的牡丹饼。

23. 吃一个，不会露馅吧。

24. 我爱你。别废话，干活吧！

25. 不能一周休息两天？

26.http://www7b.biglobe.ne.jp/ ～ nakayamakaho/

● 文之里商店街

1. 不买也无妨，先过来逛逛呗！

文之里商店街海报展

年轻创意人群体为振兴商店街制作的 180 张海报展

2013 年 8 月 23 日—12 月 31 日

2. 敬上清廉一份。

3. 我只想跟你在一起，所以今天我要捣毁末班车。

4. 这是鲈鱼。我是滨口。

5. 也有不开药的处方签。

6. 销售势头过旺更可怕。没人踩刹车会受伤。

7. 每天讲故事。BAMBI！谁是世界上最可爱的人？

8. 便宜没好货！

9. 本店将运用一切手段全力抵制恶意并购！

10. 寻找一个家，就是在寻找可以回去的地方。

11. 呀！牛牧甜点师傅有啤酒肚。

12. 老爸喜欢的鱼是肉。

13. 据说意大利人都喜欢熟女。

14. 无论是亚洲文化，还是欧洲文化，在我眼里同样都是茶文化。

15. 咚咚咚，咕嘟咕嘟，美味时间准备中。

16. 风儿为我调味。

17. 就算在家，也是在养花。

18. 炖煮、烧烤、送达。

19. 总是叮咛小孩戴帽子，但中暑的有八成是大人。

20. 孩子他爹，金婚纪念品，还是去百货公司买吧。

21. 面条百分百。

22. 40年前，父亲节的袜子、母亲节的手帕，都是这间店帮我选的。
20年前，儿子的裤子、女儿的连衣裙，都是这间店帮我选的。
今天是我的生日，孙子送我的袜子，还是同样的这家店。

23. 每天就是从"家"拓宽到"阿倍野"。

24. 便当盒或水壶，都充满着妈妈的味道。

25. 谁能告诉我，当时我为什么会进这件货呢？

26. 服装在流行时就已过时。

27. 我会假装醉酒，请你假装送我回家。

28. 与人雷同，非我性格。

29. 昨天、今天、明天。

30. 来自中国的栗田店长开了家日式煎饼店，客人却说，"还是中餐比较好吃"，这让他拿不定主意。您怎么看呢？

31. 最先抵达的6位客人才有座椅坐。

32. 我的肉，在你的手中，变成可乐饼，这就是爱呀。夫妻同心经营，肉与油炸物。

33. 让我们脱下被迫披上的外衣，一起畅谈未来吧！

34. 哟，居然比妈妈穿着更适合。

35. 晚安！做个好梦！

36. 那时桌子大得惊人，现在桌子小得惊人。

37. 涂鸦海报，大家一起做！

38. 享受服装，就是享受人生。女装 AMIY.

39. 没娘的孩子，谁来当他的娘呢？

40. 为了客人的和服，姐妹俩经常唇枪舌剑。

41. 若是穿着不合适，我不会说出来，但会在脸上表现出来。

42. 已经卷好了，只要煎一下就好。什么？希望帮您煎好？敬请稍候！

43. 红豆饭卖光了。今天也有人在为他人庆祝。

44. 在想着"下个月要买什么颜色"的过程中，不知不觉越活越长。

45. 为了男人化妆，不知不觉越来越年轻。

46. 上了年纪后，人美不美由肌肤说了算。

47. 人蠢没药医。

48. 海报？那要快点做啊！我都要去见阎王了！

49. 现在才发现，这工作好辛苦！

50. 莲蓬头上的水滴答止不住。

51. 从今以后，我要去玩喽！

●伊丹西台

1. 不买也无妨，先过来逛逛呗！

伊丹西台海报展

年轻创意人群体为振兴区域制作的 150 张海报展

2014 年 11 月 2 日—2015 年 3 月 1 日

2. 我想买座岛，一座岛哦。说大话！

3. 咂一口茶，让焦躁不安远离！

4. 只有鹿。

5. 偶尔来几天耍耍酷!

6. 新菜单一个接一个出,哪记得住啊!

7. 咖喱,做好了哟! 正好想吃咖喱,太棒啦!

8. KISS 的技术也很棒哦。

9. KISS 鱼也很美味哦。

10. 要玩接龙游戏吗? 开始喽! 面包。

满脑子都是面包——烘焙坊"格林"。

11. 不,我们不是中餐。算是蛮时尚的意大利菜——本人声明。

12. 这哪是什么意大利菜啊! 大家似乎都想吐槽。本店也提供日式料理。

13. 今天的我,想要高调一点。

14. 求婚的时候很紧张。向家人汇报时更紧张!

15. 我们比任何人都懂蛋糕,所以 POP 全部是亲笔写。

16. 美发沙龙 i's FRUNC。

17. 可看到比偏差值 5 还要上面的 / 卖隐形眼镜的医师戴着眼镜 / 眼镜这玩意儿也算是防晒用品 / 世界上最容易实现的整容方式。

18. 以前是为了某人而穿,现在是为了自己而穿。

19. 穿着漂亮衣裳逛伊丹,就是荣誉市民。

20. 借着酒劲表白我爱你,不会再说第二遍。

21. 不好,醉得有些发飘了,又要被冲到哪里去了? 弄点黄瓜醒醒神。

22. 偏偏到了咖啡馆关门的时间,总会想要喝咖啡。

23. 我酷爱美酒。大白天就想光明正大地喝几口,我可以在职场图书馆搞活动吗? 这算不算滥用职权? 毕竟还是不太妥当,所以大家一起享用无酒精鸡尾酒。

24. 沙沙、沙沙，穿越面包粉沙漠。

25. 拜拜，我要去做鸡肉葱串了。

26. 哎呀，要是带上早上生的蛋就好了。

27. 绝对不能在这里被吃掉。

28. 你好，食材已到。

29. 我想要一个能酣然熟睡的房间，还要能持续几百年。
用窗帘开拓你的世界。

30. 你是 D 罩杯吧。我一看便知。

31. 总之，先拿着向日葵。拍出好表情的诀窍，给孩子一朵向日葵。

32. 理发，逆转人生。生意，还没有。

33. 从打零工到继任社长。

34. 沉醉于红酒的深沉世界里。

35. 天气晴好 / 两人走出箱子 / 外出散步 / 悠闲漫步于鲜花盛开的小路上

走着走着 / 眼前出现了繁花似锦 / 的森林 / 还能听见鸟鸣

森林中河水潺潺 / 两人愉快地 / 与鱼儿嬉戏

不知过了多久 / 听到猫头鹰的叫声 / 满天星辰闪耀 / 宛若璀璨的宝石

不知从哪里 / 传来了音乐 / 两人和不可思议的树一起 / 兴致勃勃地跳舞到天明

天亮了 两人 / 发现郁金香田里 / 的可爱小房子 / 一位慈祥的老婆婆正呼唤他们

两人 决定在这里生活 / 这座小镇的名字叫尤加利。

36. 我爱你，所以拆解你。

37. 请听懂"我喝多了啦"这五个字。

38. 我想安安静静地喝酒。

39. 啤酒，真贼！

40. 肚子饿得咕咕叫。

●女川

1. 好啦好啦，过来看看吧！

为让女川焕发活力，东北地区创意者们制作的海报展

2015 年 2 月 21 日—5 月 31 日

2. 出生时就被包着，以前是包被，现在是海带。

3. 总之，希望你笑。

4. 味道有自信。我还是单身。生意兴隆和终身伴侣都靠各位了。

5. 可能还是我新鲜。严以律鱼，宽以待人。

6. 注意超出。美味，超出中。

7. 我俩的失败，成就的是客人的成功。

8. 承载人生。

9. 辨茶之能，熟练直觉，胜于老花。

10. 一日两餐，女川湾的盛景，还有美女老婆相伴。

11. 发脾气时戴上花冠。

12. 啊，处女座的恋爱运，五星！

13. 啊呀，不小心在公司里冒尖了。人生也有这种时候。

14. 快，让女川盛放。

15. 只想继续沉醉，继续漂浮。

16. 不搞纸醉金迷的夜生活，所以才能变强。

17. 不懂看相机，可看鱼不走眼。

18. 放马过来吧！保证做成顶级肉糜。

19. 不怕腰痛，不怕皲裂，不怕高血压或寒证，静静微笑着，等候你的光临。

20. 白发褐发都由你说了算。

21. 如果坐等，书籍送达的时间会晚 10 秒。

22. 都说 2 月是吃螃蟹的季节？我说是吃萝卜的季节！

23. 女川是主场。

24. 冲啊，恶党们！美味（恶）秘密结社！

25. 什么盖饭都不如女川盖饭。

26. 这猪排饭给嫌犯吃，太浪费了。

27. 今天接到订单，又能去见那些人了。

28. 志趣相投者群聚之。

29. 瓷砖和思念永不褪色。

30. 希望成为够味的女（川咖喱）。浓烈辛辣的咖喱与周末。

31. 罩杯与一杯，其实差不多。

32. 热乎乎的是茶？还是我俩？

33. 这里有意想不到的宝物。

34. 一起喝个茶，就差不多成朋友了。

35. 没有一家店的钓具钓不上鱼。

36. 渔猎夫人。　女川太太是时尚猎手。

37. 穿胡萝卜店的鞋，不会让脚长长，却能保持健康。

38. 永远不想开动，因为不想结束这餐。

39. 为了被冲走的那部分蔬菜，我要努力活。

40. 阿美嫂，把鱼当作老公时，作业进展迅猛。

41. 我都看些什么报啊？嗯，应该是年龄谎报吧。

42. 总有一天，我会参加红白歌会的。　女川的金丝雀。

43. 行动模式已经了如指掌，接下来就随我自由发挥了。

44. 来吧，先来喝口茶呦！

●大野

1. 不买也无妨，先过来逛逛呗！

大野海报展

大野高中生为大野店铺制作的 22 张海报

2016 年 9 月 17 日—11 月 23 日

2. 经陈年酿制的醇厚傻瓜味道。

3. 柜台是陪聊的贵宾席位。

4. 我们不是栽培完就算了事的。

5. 面包，面包，蓬松可口。祝爷爷生日快乐！

6. 辛苦是辛苦，可很有效！

7. 肉眼看不到之处，更不可懈怠。

8. 特技是诱惑。

9. 不买也无妨，先过来逛逛呗！

大野海报展

大野高中生为大野店铺制作的 20 张海报

2017 年 9 月 24 日—11 月 24 日

10. 现在开始，搬家。房子相关的事包在我身上！——西川建筑公司

11. 大野的所有事故，都包在我身上！

12. 剪也剪不断的关系。再来玩哦。

13. 客人开心，我们也开心！

14. Ça va？来尝尝鲭鱼吧。

15. "帮忙验个车，好不好？""轮胎有关的事全都交给我。"
——爱车修理。

16. 比宣传更重要的是口碑！从一张榻榻米开始。——南部敦美榻榻米商店。

17. 我想开家蛋糕店。我已经开了家蛋糕店。

18. 我们的手创造了这些孩子。

19. 适合就着印度烤饼喝的酒是啥？

20. 聊过头了，都忘记让他买东西了。

21. 入口品尝，一吃就会想起大野。

●大分

1. 只到车站大楼就准备回家了？那可不行！

2. 这两位都是客人。（注）坐着的也是客人。

3. 请盯着正中央的标志 30 秒。

4. 在不断改变的这条街道，只想守护恒久不变的事物。

5. 老板娘：收据抬头写什么？

客人：空着就可以。

老板娘：是写"空着先生"吗？

6. 波莱罗

每一大我炖煮料理餐点 / 端到客人面前 / 在口复　日的炖煮和上菜之间藏着一个小秘密

那个秘密就是我自己的变化 / 内心的变化 / 随着内心的变化 / 食物的味道也　一点点地改变

在不断重复的过程中渐渐改变 / 就如同是波莱罗 / 你说是吧

天啊我居然脱口说出这么帅气的话 / 真是充满哲理 / 惭愧啦

说实话这些都无关紧要 / 重要的是客人来到店里总能心情愉悦
不断让人心情愉快 / 这才是波莱罗 / 你说是吧

7. 祝大分渔业丰收。 每个人都是为大分未来摇旗呐喊的旗手。

8. 我的最佳杰作？刚刚被你吃了啊。

9. 让你放心的是这面包？还是我这位大婶？

10. 给不了母乳，意大利妈妈的味道倒可以给。

11. 如果认为差不多就可以了，那匠人的生涯就完蛋了。

12. 客人带来的动漫手办 1000 份。版权所有，无法公开。敬请
见谅。

13. 大分街道文学 stance，讨厌表情符号的女子。

14. 大分街道文学 Terminal，满脸怒容的女子。

15. 大分街道文学番石榴，手心流汗的女子。

16. 大分的鱼特别新鲜，那还用说吗？接下来，看我的了。展现
江户寿司功夫，让当地鲜鱼美味升级。

17. 献给被遗忘的青春。

18. 客人啊，5 年前您就坐在这个位置，吃过面疙瘩。几天前，
50 多年没有来过的老客来店光临。

19. 女人漂亮了，男人就精神了。整条街也充满活力了。大家一
起热闹起来吧！

20. 对鸭子的爱，太过深沉。

21. 老板，请问有 Wi-Fi 这道菜吗？

22. 从树上下来的猴群，都去了服装店。

23. 挑战新事物，虽然愉快，却也有点累。

24. 停！

●社会海报展

1. 社会上还有不为人知的课题

广告创意人制作的 NPO 海报约 220 张

2. 就算在医院，也可以放声大笑哦。

3. 谢谢你花了几小时培养我。

4. 已经没钱了，10 块钱也不能浪费。

5. 别糟蹋自己的可能性，屈就当个大公司的小齿轮。

6. 身心障碍孩童的父母，有谁能让他们依靠呢？

7. 给家中有生病兄弟姐妹的你：你和朋友在户外开心玩耍，绝对没有任何过错。

8. 土地虽然崩塌，但地图依然如旧。

9. 不会察言观色。不会沉着冷静。不能遵守约定。但决不放弃绘画。

以鼓励"不能"取代矫正"不能"。

10. 傍晚 5 点，照入我房间的是阳光，还是遥远国家的战火？

11. 妈妈不再唠叨，我也不再反抗。

12. 没有电话也没有邮件。我跑去各家各户一一告知医生到访的喜悦。

13. 偷我眼镜的犯人就在他们之中。请尽早接受阿尔茨海默病检查。

14. 每天朋友都让我帮他背包。怎么办？一直帮忙背。跟他说"不"。

大人无法随时保护孩子，所以才有 CAP。Child Assault Prevention 是协助儿童自己保护自己的霸凌防治计划。

15. 成为大人后，改变性格最好的方法就是移居。自由存在于人少的地方。

16. 在这片流失一切的土地上，音乐继续流传，催生无数梦想。

17. 他不是丈夫，而是加害者。遭遇家暴不是你的错，而是加害者的问题。

18. —哎呀，看来你还挺行的嘛！

—那是当然。说，那人是谁！

—"不浪费陶瓷市集"开张，安置被遗弃陶器。

19. 森林告诉我，这项工作无法赚大钱。

20. 还撑得住吗？森林！马上大开杀戒，我来拯救你啦！

● 大丸·松坂屋

1. 敬请阅览本社英才。

2. 我也背负着许多期许。

3. 我的专长是引导疏散排队人群。人称，疏堵队长。

4. 成熟的装饰男。

5. 鲈鱼日日鲜。魅力无限，佳肴无限。

6. 我的妈妈，也会展露那种笑脸！卖场上的专业笑脸。

7. 一斤入魂。

8. 时刻盯着哦。守护商场安全，守护顾客安全。

9. 坐拥宝石，人生变彩色，笑容也闪闪发亮。

10. 一年前我是意大利语教师，现在我经营鞋店。

11. 试图变美本身就是一种美丽。您想变美吗？我们能够帮助您。

12. 电通的创意人，原来这么无聊，所以，今后我要自己思考。玩笑话也能编得如诗如画的男人。

13. 您好，我是松坂屋高槻店女装配件楼层的山中。

雨伞大师登场!

挑选礼物，闲话家常，找寻特价品。

14. 拿着菜刀，态度骤变，变得沉默寡言。

15. 最孝顺的事，就是就业上班。

16. 我用契约，保护公司。

● 近畿大学

1. 本校不是只有金枪鱼。国际系 2016 年 4 月开设。近畿大学。

2. 真正的朋友可能在我尚未去过的异国他乡。——近畿大学国际系

3. 近大生、学习中。

交朋友、品尝从未吃过的菜、患上思乡症、不解老师的笑话、在众人面前模仿忍者，所有这些留学经验都是国际学习。

● 大阪检定

1. 住吉大社五所御前的小石头上写有三种字，据说捡到之后作成护身符随身携带就能达成心愿。请问是哪些字呢?

①衣食住　②住吉样　③五大力　④陆空海

2. 桃谷车站曾经改过一次站名，请问原先的站名叫什么?

①桃之宫站　②桃林站　③桃丘站　④桃山站

3. 天神祭"龙舞"的正确舞姿是以下哪一个?

（注：选项见原海报）

4. 天王寺站的厕所有什么特点?

①利用车站地底下的涌泉　②男用小便斗的数量是大阪第

一　③能够瞻仰四天王寺的厕所　④掏粪式厕所

5. 京阪电车京桥站站台商店卖什么特产？

①炸串　②小黄瓜　③热狗　④炸鸡串

6. 起源于该花区传法的节分（注：立春的前一天）固定活动是什么？

①撒豆子　②寿司卷囫囵咬　③吃沙丁鱼　④穿鬼怪图案的内裤

7. 下面哪项不是麻将的牌型？

①国士无双　②九莲宝灯　③喜连瓜破　④岭上开花

8. 日本最古老的蓄水池——狭山池（古事记中也有记载）是何时建造的？

① 400 年前　② 900 年前　③ 1400 年前　④ 2100 年前

9. 日本在十三站月台首创的商店是哪种？

①便利商店　②荞麦面店　③面包店　④理发店

10. 出于某种目的，坂本龙马从天保山动身出发。日本首次出现的这种旅行状态是什么？

①海外旅行　②蜜月旅行　③环游世界　④出国留学

工作人员名单一览表 [①]

C＝文案编辑　D＝设计师　P＝摄影师　I＝插画　AD＝艺术指导 CD＝创意总监　SCD＝资深创意总监　Pr＝制作人　Dir＝总监　E＝编辑　W＝撰稿　M＝模特　PL＝企划　CO＝统筹　PA＝摄影助理　AR＝影像制作　PM＝产品经理　PP＝照片制作　R＝修图师　HM＝发型师　ST＝造型师　AT＝美术

正文海报工作人员名单

P49　角川文库　C—日下庆太　D—青柳宽之　P—青木武三

P51　au by KDDI　C＆P—日下庆太　D—渡边亮治

P126　左上　泽野工房（JAZZ）　C—山口有纪　D＆P＆I—中尾香那

P126　右上　生田棉店　C—永井史子　D—河野爱　P—日下庆太　协助—古川纯也

P126　左下　大北轩茶行　C—松下康祐　D＆P—泷上阳一

P126　右下　生田商店　C—细田佳宏 谷村槙子　D＆P—水谷佳苗

P131　新世界市场海报展主海报　C—日下庆太 永井史子　D—石松爱 P—日下庆太

P132　浪速小町　C—宫浦惠奈　D＆P—山田祐基　兜裆布制作—高桥辉明

P135　鲣鱼干的须崎屋　C—石本蓝子　D—野村恭平　P—片山俊树 雕刻—高岛英男

---

①　日本人姓名中出现假名时，往往假名对应的汉字不是唯一的，所以无法推断到底对应哪个汉字，故而采用"罗马字表示的形式"。如：山本イサム，イサム对应的汉字可能是武，也可能是勇，也可能是勇夫……，所以用 ISAMU 来表示。

P136　鱼心　C—小堀友树　D—茗荷恭平　字—岛坂 MEEMI

P139　大岛酱菜店　C—前田将多　D—泷上阳一　P—日下庆太 46

P144　左　理容滨田　C—三岛靖之　D & I—井上信也

P144　右　阪神运动　C—佐藤朝子　D—佐山太一　穿线—末高正幸　拍框制作—田中健嗣

P145　开华亭　C—松下康祐　D—小路翼　P—茗荷恭平

P146　松屋内衣店　C—今西良太　D & P—吉川光弘

P151　木村电气商会　C—松若理成　D—木村亮太　P—佐藤巧弥

P153　串烧太郎　C—镰田高广　D & P—山本 ISAMU

P156　沙丁鱼料理 INASE　C—米村拓也　D & P—千千岩宽　E—北村良太 辻香织里　W—河野智洋 盐月菜央 富松智阳 西条晶子 柚野真也　P—安藤隆 卫藤克树 久保贵史 佐藤俊彦 胁屋伸光　D—敷岛仁美 秋安淳一（PISTON）松元博孝（PISTON）浦口智德

P158　上　平和温泉中心　C & D—白泽克实

P158　下　N's Kitchen** & labo 制作—松本芽衣　福田俊介　重信美绪　雁林环

P159　大阪检定　CD—日下庆太　I—小路翼　AD—井上信也　D—鸟野亮一　川上沙织　松村悠里　新井公子　长谷川友香

P160　社会海报展主海报　C—日下庆太　D—中村征士　西尾博光　松冈拓　P—槻之木比吕志

P162　左上　特定非营利活动法人"美丽妈妈"　C—河合佐美　D & I—千叶菜々子

P162　右上　一般社团法人"石卷 2.0"　C—古山健志　D—俵裕一郎

P162　左下　特定非营利活动法人"声语心之屋"　C—松下康祐　D—泷上阳一　P—日下庆太

P162　右下　特定非营利活动法人"流浪者之家"　C—柴田芳子　D—大原汉太郎　P—无家可归的大叔们

P164　左　近畿大学国际系　C—仓光真以　D—濑野尾佳美　P—增田广大（2015 年 2 月日产经新闻刊登）

P164　右　近畿大学国际系　C.见市冲　AD—松长大辅　D—北山义治　P—圆尾享宏　Pr—西原辽（2015 年 2 月 15 日《朝日新闻》刊登）

P167　大丸—松坂屋"光辉灿烂百人海报"　C—村井佑次　AD—大原汉太郎　Pr—渡边康太　D—小村纯太　P—森山智彦

P168　上　大丸—松坂屋"光辉灿烂百人海报"　C—上村祯延　AD—濑岛裕太　D—宇佐美敦史　小泽真由子　P—山口有一

P168　下　大丸—松坂屋"光辉灿烂百人海报"　C—桥本隼人　D—鸟井口拓真　P—MUKUMETESTUYA

P171　三户夏芽"刘海剪过头"　CD—日下庆太　AD—市野护　Pr—衣川刚史　PM—安藤朋子　泉谷智规　P—槻之木比吕志

P172　三户夏芽"刘海剪过头"　CD 包装　CD—日下庆太　AD—市野护　P—槻之木比吕志　ST—相泽美树　HM—中安优佳　R—山田和史

P174　三户夏芽"刘海剪过头"MV 学校篇　Dir—伊势田胜行

P175　三户夏芽"刘海剪过头"MV 大脑门姑娘篇　Dir—MOOgAbOOgA

炊帚篇　Dir—坂本涉太　白菜篇　Dir—神田旭莉

幻听篇　Dir—MERINNU Friendly 时代篇　Dir—宫本朴朗

涂鸦篇　Dir—藤井亮　蟹小姐篇　Dir—beN

嫌犯篇　Dir—大熊一弘　伙伴篇　Dir—小路翼

达摩篇　Dir—Kotakeman

P182　大野海报展主海报　C—日下庆太　雨山直人　AD ＆ D—河野爱　P—高宫正伍

P184　左上　高宫照相馆　制作—田中爱梨　顾问—日下庆太

P184　右上　BArU　制作—松原甘夜　顾问—日下庆太

P184　左下　南部酒造　制作—津田礼奈　顾问—藤原乙女

P184　右下　喜久优　制作—木村友香　顾问—江上直树

P194—196　摄影集"回来大野吧"　C—源内启志　朗桑原圭　雨山直人　广作力　铃木翔太　岸本峰波　藤原乙女　日下庆太　D—河野爱　鸟野亮一　新井公子　P—日下庆太　小林繁昭　大野市　结之故乡推进室制作　主编—江上直树　大藤清佳　P—长谷川和俊　高见瑛美　日下庆太　食谱＆料理协助—石川祐子

文末海报工作人员名单

■新世界市场海报展 P248 ～ P251　CD—日下庆太　SCD—饼原圣

1. 新世界市场海报展主海报　C—日下庆太　永井史子　D—石松爱　P—日下庆太

2. 新世界市场　C＆I—日下庆太　D—石松爱

3. 原田青物店　C—细田佳宏　谷村槙子　D＆P—水谷佳苗

4. 中山果铺　C—小堀友树　D—松永 HIRONO

5. 结缘　C—佐野章子　D—石松爱

6. 丰年　C—村田晋平　D—牛丸谦一　片山优　P—西谷圭介

7.8 泽野工房（JAZZ）　C—山口有纪　D＆P＆I—中尾香那

9. 润　C—秦久美子　D＆P—河野爱　协助—古川纯也

10. 生田棉店　C—永井史子　D—河野爱　P—日下庆太　协助—古川纯也

11. 泽野工房（木屐）　C—见市冲　AD—松长大辅　D—木富慎介

12. 山田屋　C—石本蓝子　D—浅木翔　P—片山俊树

13. 鸟长商店　C— 三上和辉　D & I—川村志穂

14. 大北轩茶行　C— 松下康祐　D & P—泷上树一

15.FLOWER SHOP 新世界　C— 槙岛量　D & P—大野惠利

16. 浪速小町　C— 上野由加里　D & P—井上信也

17. 生田商店　C— 细田佳宏 谷村槙子　D & I—水谷佳苗

18. 肉之 SAKAMOTO　C & D & P—市野护

19.MIYAURA　C— 三岛靖之　D & P—清水达哉

20.Yamazaki SunRoyal　C— 矢野贵寿　D— 早川大辅　I—冈本真理子

21. 浪速小町　C— 吹上洋祐　D & P—井上信也

22 ~ 26. 中山果铺　C— 小堀友树　D & P—茗荷恭平

■文之里商店街海报展 P252 ~ P259

CD— 日下庆太　SCD— 饼原圣　Pr—堤成光　中野麻子

1. 文之里商店街海报展主海报　C— 日下庆太 永井史子　D— 市野护　P—日下庆太

2. 阿真豆腐　C— 松下康祐　D & P—川上沙织

3. 冈岛屋酒店　C— 秦久美子　D & P—更家有香

4. 浜口鲜鱼店　C & P—佐野章子　D— 石松爱

5. 文之里药店　C— 佐野章子　D— 石松爱

6. 结城顺吉税理士事务所　C— 川上毅　D & P—清水达哉

7.BAMBI　C— 谷村槙子　D— 西山正树　I—MARUKOFU

8.BOUTIQUR KUROSAWA　C— 见市冲　D— 山田祐基

9. 鸡肉店 MARUTIKU　C—前田将多　D—泷上阳一　P—四方田俊典

10.ES—MAGA　C—山口有纪　D & P—中尾香那

11.Patisserie Alchemist　C—永井史子　D—松永 HIRONO

12. 烤肉 NAKANO　　C & P 中泽周平　　D— 小路翼

13. 福富接骨院　　C—谷村槙子　　D & P—西山正树　　M—舟井荣子

14. 山太圆山冈美术　　C—中泽良太　　D & P—鸟井口拓真

15. 萌木星　　C—小川百合　　D—河野爱

16. 宫本盐干店　　C—藤原乙女　　D & P—鸟野亮一

17. 大塚花店　　C—桥本隼人　　D & I—水谷佳苗

18. UOHIRO　　C—桥本隼人　　D & P—水谷佳苗

19. 洋伞 Alice　　C—川上毅　　D & P—清水达哉

20. 饰品店 999　　C—村田晋平　　D—松长大辅　　P—出口贵裕

21. 面所 ATAGOYA　　C—冈野铁平　　D & 剪裁—中村征士

22. 衣料爱媛屋　　C—小暮 MEIRIN　　D—渡边亮治　　P—爱媛屋的店主渡边亮治

23. YOU—MARUTAKA　　C— 中 泽 良 太　　D— 鸟 井 口 拓 真 P—MUKUMETESTUYA

24. LIVING SHOP TAKADA　　C—田中健太　　D & P—佐山太一

25. MAEDA 企划　　C— 仓光真以　　D & P—松村悠里

26. Atelier Adorn　　C— 村田晋平　　D— 松长大辅　　P—出口贵裕

27. CELLARS 加藤　　C— 山口有纪　　D— 中尾香那　　P—西谷圭介

28. 若叶服饰　　C— 宫浦惠奈　　D— 市野护

29. 川庄　　C— 吹上洋佑　　D— 井上信也

30. 七福屋　　C— 铃木契　　D & P—胜村秀树

31. GOAGOA　　C— 中泽周平　　D & I—小路翼

32. 大阪屋　　C— 田中健太　　D & P & 偶人制作—佐山太一

33. SIMIZU　　C— 三岛靖之　　D— 河野爱　　P—吉田大辅

34. MINATOYA 和服衣料店　　C— 秦久美子　　D & P—更家有香 P—

MINATOYA 的老板娘

35. 熊成寝具店　C—吹上洋佑　D—井上信也　P—山田案希良

36.MARUTAKA 家具　C—冈野铁平　D & 剪裁—中村征士

37.MIDORIYA　C—三岛靖之　D—竹崎水音子　I—文之里的孩子们

38.AMIY　C—小川百合　D & I—竹崎水音子

39.Delica Shop Kobayashi　C—石本蓝子　D—野村恭平　P—日下庆太

40. 姐妹屋　C—荻野直幸　D—竹山香奈　P—栗原康　M—栗原家 中野恭子

41.USHIDA　C—三上和辉　D & P—川村志穂

42. 鸟荣 tsu　C—铃木契　D & P—胜村秀树

43. 富士屋　C—上野由加里　D & P—西尾咲奈

44 ~ 46. Beauty shop de Lien　C—宫浦惠奈　D & P—市野护

47. 阪和药局　C—松下康祐　D & P—川上沙织　P—鸟野亮一 日下 庆太 小堀友树

48.49.51. 大岛酱菜店　C—前田将多　D—泷上树一　P—日下庆太

50. 下村电气　C—小堀友树　D—泷上阳一　P—四方田俊典

■伊丹西台海报展 P260 ~ P265

CD—日下庆太　SCD—饼原圣　Pr—确 TOMOE　AE—大下诚司

1. 伊丹西台海报展主海报　C—日下庆太　永井史子　D—大原汉太 郎　P—松村勋

2. 白雪　C—见市冲　D—大原汉太郎　M—田中义一 滨崎 IKU 子 堀 田悠助 川崎清臣 松本里惠

3. 绿圆　C—石本蓝子　D—野村恭平　P—片山俊树

4.Anton　C—松下康祐　D—小路翼　P—茗荷恭平

5.HANAKAGO　C— 福居亚耶　D & P—胜村秀树

6. 厨　C— 确 TOMOE　D— 川村志穗

7.Tandoori Delights　C— 铃木契　D & P—山田祐基

8.9. 今日平　C— 大槻祐里　D— 松长大辅　P—出口贵裕

10.GRIMM　C— 桥本隼人　D & P—河野爱

11.IL PAPPATORE　C— 前田将多　D & P—泷上树一

12.Taverna Pecorino　C— 佐野章子　D— 石松爱

13.Avee Parfum　C— 三上和辉　D— 长谷川惠理

14.33USHIO　C— 中泽良太　D— 鸟井口拓真

15.Flanders　C— 土公奈绪　D— 胜村秀树

16.i's FRUNC　C— 冈野铁平　D— 大江纯平

17.TAMAKI 眼镜　C— 小堀友树　D— 茗荷恭平

18.TAMIFUJIYA　C— 石本蓝子　D— 野村恭平　P—高桥诚　M—野村珠惠

19.MODE SALON BELLE　C— 真竹广嗣　D & P—早藤大辅

20. 风丹　C— 藤原乙女　D & P—鸟野亮一

21. 老松　C— 野村刚　D— 藤井佳奈子　P—MUKUMETESTUYA

22.Cafe Charmproo　C— 仓光真以　D— 松村悠里　I—前中诗织

23. 言叶藏　C— 田中健太　D— 中尾香那

24. 骆驼屋　C— 野村刚　D— 藤井佳奈子

25 ~ 28.TORISHIGE　C— 仓光真以　D— 濑野尾佳美

29.Curtain Gallery Alpha　C—真竹广嗣　D & P—早藤大辅

30.Matsuya　C— 今西良太　D & P—吉川光弘

31.Photo studio Star Love　C— 小堀友树　D— 茗荷恭平　P—松村成朗

32. 理容滨田　C— 三岛靖之　D & I—井上信也

34. 松田屋　C— 三上和辉　D— 长谷川惠理

35.YU-KARI　C— 藤原乙女　D & P—鸟野亮一

36. 丹尚堂　C— 小川百合　D & I—竹山香奈

37.CHEERZ　C— 秦久美子　D—牛丸谦一

38.RED LEAVES CAFE　C— 塙 TOMOE　D— 川村志穗

39.Cafe Mon　C— 前田将多　D— 泷上阳一　P—四方田俊典　M—RIKA

40.MARUYASU　C—谷村槙子　D—西山正树　P—MUKUMETETSUYA

■女川海报展 P266 ~ P271

CD— 日下庆太　Pr—石井弘司 八重岛拓也 伊藤光弘 铃木淳

1. 女川海报展主海报　C— 日下庆太　镰田高广　D— 加藤琢也　P—日下庆太

2.MARUKITI 阿部商店　C— 八重岛拓也　D— 小野寺健一　P—中田麻衣

3. 女川超市御前屋　C & D & P—田村晋　I—大峰由美子

4. 金华楼　C— 镰田高广　D— 菊池龙　P—矶崎亮

5.Marinepal 女川鱼市场　C— 镰田高广　D & P—山本 ISAMU

6. 活鱼新 KONORI（海鲜料理店店名）　C— 三浦昌二　D— 小野寺健一

7.MINATO 理容室　C— 胜浦雅彦　D— 森裕树　P—大山博

8. 黄金出租　C & PL—松村洋　D & PL—远藤 NASTUMI

9. 阿部正茶铺　C— 森由纪　D— 小野寺充

10.Stayin 铃家　C & D & P—田村晋

11. 花友　C— 小岛美铃　D— 千叶 AZUSA

12. 本子堺（书店店名）　C— 沼田佐和子　D— 佐藤信光

13.KAWAMURA 钓具店　C— 升形彻　D— 森裕树　P—大山博

14. 女川守樱会　C— 岩松正巳　C＆D— 木村良　D— 安部由美子 I—HONDAAI

15. 熊谷酒店　C＆P L—竹野博思　D＆CO—松浦隆治　P—梅原祐一

16.Cobaltore 女川　C— 野口健太郎　D— 木村麻理　P—望月研 PA—古里裕美

17. 海鲜批发青木屋　D— 久保桂之

18. 高政 万石之里　C— 佐佐木裕　D— 阿部拓也　P—尾苗清

19 .EL FARO　C— 佐久间枫　D＆I—木村麻理　P—古里裕美 CS—野口健太郎

20.AI 美容室　C— 沼田佐和子　D— 大竹伸

21. 本子堺（书店店名）　C＆D— 玉手麻衣　CD—镰田高广

22. 冈八百屋　C— 野口健太郎　D— 高桥雄一郎　P—矶崎亮　高桥雄一郎

23. 女川电化中心　C— 岩松正巳　D— 铃木 SAORI　AR—大田公平

24. 兼宫商店　C— 泉英和　D— 铃木 RYOUITI　P—大关智明

25. 鱼市场 OKASEI　C— 镰田雄　D— 藤村兼次

26. 日本餐厅三秀　C— 松若理成　AD— 虾名大辅　P—佐藤巧弥

27. 三重商会　C— 松本勇辉　D— 福田爱子　P—吉冈幸宏　CD— 日下庆太

28.MARUSAN　C— 石桥彰史　D— 铃木雅岳　P—新井直战

29. 港町 SERAMIKA 工作室　C— 镰田高广　D—柴田雄辉　P—矶崎亮

30. 女川咖喱企划　C＆PL—松村洋　PL—青木阳平　D— 阿部清史

P—长内正雄

31.GARU 尾　C— 佐佐木裕　D— 五十岚冬树　P—佐藤纮一郎

32. 小野寺茶铺　D— 堀井哲平 佐藤高则 高木清香 中钵奈央　P—铃木伸也

33. 时髦时尚 MATSUYA　C & Dr—小川伦宪　D— 木村惠美　P—二本木薪一

34.Community House 茶馆俱乐部　C— 日下庆太　D— 柴田麻衣子

35. 佐佐木钓具店　C— 竹野博思　D— 成谷利幸　P—矶崎亮

36.Cafe SAKURA&DAISHIN　C— 小杉一高　D— 加藤琢也　P—高萩惠子

37.CARROT　C & D— 木村良　D— 安部由美子　P—原渊将嘉

38 .CAFE 饭 Cebolla　D—堀井哲平 佐藤高则 高木清香 中钵奈央　P—铃木伸也

39. 冈八百屋　C— 野口健太郎　D— 高桥雄一郎　P—矶崎亮 高桥雄一郎

40.WAIKEI 水产　C & CD— 佐佐木洋　D & AD— 神永惠美　P—佐々木慎一

41. 居酒尾 YOUKO　C & C L—胜浦雅彦　AD— 俵裕一郎

42. 梦之屋　C— 升形彻　D— 柴田麻衣子

43.ONAGAWA ART GUILD　C— 工藤拓也　D— 青野哲也

44. 木村电机商会　C— 松若理成　D— 木村亮太　P—佐藤巧弥

■大野海报展 P272 ~ P274

CD— 日下庆太　Pr—雨山直人 城地勇树 宫下智之 大藤清佳　设计协助—鸟野亮一 川上沙织 新井公子

1.2016 年大野海报展主海报　C— 日下庆太　雨山直人　AD & D—何野爱　P—高宫正伍

2. 野村酱油　制作—宫泽佑衣　顾问—日下庆太

3. 日式煎饼 HIRONO　制作—宫腰亚佑　顾问—日下庆太

4. 农家豆腐店　制作—筒井彩琳　顾问—河野爱

5.Panaderia　制作—多田爱实　顾问—藤原乙女

6.TAKEI POWERGYM　制作—加藤 HINANO　顾问—日下庆太

7. 九头龙设备　制作—宫本幸辅　顾问—日下庆太

8.PORUTA　制作—宫万琴　顾问—藤原乙女

9.2017 年大野海报展主海报　C—藤原乙女　雨山直人　D—桑原圭　P—高宫正伍

10. 西川工务店　制作—岩本 AKARI　顾问—植村伦明

11. 桥本代理店　制作—青木优弥　顾问—藤原乙女

12.Hair make　R・up　制作—米村明莉　顾问—藤原乙女

13. 清水　制作—松田实佳　顾问—日下庆太

14.UOMASACafe　制作—山村莉奈　顾问—江上直树

15.MARUDAI 自工　制作—松田风音　顾问—日下庆太

16. 南部敦美榻榻米商店　制作—中村英树　顾问—植村伦明

17.Patisserie mirabelle　制作—广濑祐衣　顾问—吉川纯也

18. 手工制作工作室 MOOKO　制作—松田风音　顾问—河野爱

19. 高田酒店　制作—泽江享吾　顾问—植村伦明

20. 松田阳明堂　制作—结城龙柊　顾问—桑原圭

21. 内田制面　制作—田中翔　顾问—中村征士

■大分海报 P275 ~ P277

CD—日下庆太　Pr—三浦僚　协助—牧昭市 吉田可爱

1. 大分主海报　C & P—日下庆太　D—千千岩宽

2. 青空 -sola-　C—米村拓也　AD—千千岩宽　P—日下庆太

3. Chapel　C—和久田昌裕　AD & P—立石甲介　I—吉田三沙子

4. SALVE　C—中村直史　AD—白石文香　P—田畑伸悟

5. 大纳言　C—米村拓也　AD & P—千千岩宽

6. Bolero 食堂　C—中村直史　AD—白石文香

7. 太田旗店　C—中村直史　AD—白石文香　P—田畑伸悟

8. RANZU CAFE　C—和久田昌裕　AD—立石甲介　I—松尾桂一郎

9. PUTI—MIRO　C—米村拓也　AD & P—千千岩宽

10. Asciutto　C—和久田昌裕　AD & P—立石甲介

11. 海老福　C—米村拓也　AD & P—千千岩宽

12. 御宅 BAR OTA—RABO　C—和久田昌裕　AD & P—立石甲介

13. 澄箪笥＋ stance 角　C—渡边千佳　AD & P—今永政雄

14. Terminal　C—渡边千佳　AD & P—今永政雄

15. 享受咖啡的店 BANDirO　C—渡边千佳　AD & P—今永政雄

16. 月之木　C—山田绫子　AD—PISTONP—秋安淳一

17. 府内 FORK 村十三夜　C—中村直史　AD—白石文香　P—田畑伸悟

18. 和风 Grill Takaoya.　C—和久田昌裕　AD & P—立石甲介

19. Inner Collection marie.marie　C—山田绫子　AD—PISTON　P—秋安淳一

20. Café Français YUKI　C—中村直史　AD—白石文香　P—田畑伸悟

21. Cafe de—BGM　C—山田绫子　AD—PISTON　P—秋安淳一

22. CROMAGNON　C—中村直史　AD—白石文香

23. 古民家 DINNING hako　C—山田绫子　AD—PISTON　P—秋安淳一

■社会海报展 P278 ~ P281

Pr—日下庆太　并河进　冈本达也　田中直树　坂口和隆

1. 社会海报展主海报　C—日下庆太　AD—中村征士　D—西尾博光 松冈拓　P—槻之木比吕志

2. 特定非营利活动法人日本 Cliniclowns 协会　C—福居亚耶　D & P— 胜村秀树　M—KI\GA\NANAMI\YUNA

日本 Cliniclowns 协会的诸位

3. 特定非营利活动法人 DAPPI　C—小林干　D—石原嘉通　P—金友 弘文　P—难波由华　M—高木大地　高木克治　高木恭子

4. 特定非营利活动法人 Learning for All　C—饭田依里子　D & P—冈村 尚美　M—石神骏一　协助—木村太郎

5. 特定非营利活动法人 G-net　C— 福田晴久　D—西田光　P—尾崎 芳弘

6. 特定非营利活动法人 Hullpong　C—吉田一马　D—木下芳夫　制 版—黑田典孝　冈田弘和

7.NPO 法人 Shibutane　C—正乐地咲　D & I—松长大辅

8. 特定非营利活动法人 CRISIS— MAPPERS— JAPAN　C —武田裕辉 D —西山恭

9. 特定非营利活动法人教育援助中心 NIRE　C—钱谷侑　D—松永 HIRONO

10. 一般社团法人"想想地球"　D—大久保里美　C—壇上真里 奈　P—白幡敦弘　PP—吉崎千佐子　市川悠

11.NPO 法人 BURUSUARUHA　C—小乡拓良　D—加藤千洋

12. 特定非营利活动法人 Myanmar Famliy—Clinic 和菜园会　D—浅冈敬太　C—林正人

13. 特定非营利活动法人 HINATABOKKO　D—佐藤郁　C—中川裕之　P—佐藤匠　M—坂理城岛 IKEL

14. 特定非营利活动法人 Empowerment 神奈川　D & I—黑岩武史　C—滨田彩

15. 特定非营利活动法人学生人才库　C—萩原阳平　D & P—石川平

16. 一般社团法人 El—Sistema JAPAN　D—熊谷由纪　C—山口真理子

17. NPO 法人女性网 saya-saya　D—本多集　C—石田一郎　P—土井文雄

18. 特定非营利活动法人关西 One Dish Aid 协会　C—小堀友树　茗荷恭平　D & I—茗荷恭平

19. 特定非营利活动法人冈崎町成长中心—RITA　C—伊藤 MIYUKI　D—竹田朝子　P—尾崎芳弘

20. 认定特定非营利活动法人 JUON NETWORK（树恩网络）　C—青野隆仁　D & P—三条贵正

■大丸—松坂屋"光辉灿烂百人海报" P282 ~ P283

CD—日下庆太 野原靖忠 若原喜至臣 碓井雅博 菅真亚佐

AD—市野护　AE—北川祐造　Pr—大藤清佳 高桥尚美

1. C—日下庆太　AD—市野护　D—鸟野亮一 鸟井口拓真　P—山田案希良

2. C—国富友希爱　AD & D—松村怜实　Pr—鸟野亮一　P—东谷忠　HM—铁谷亚树　PA—增田铁生

3. C—真竹广嗣　AD & D—早藤大辅　P—增田广大　HM—川岸

YUKARI　ST—片仓康行　AT—片仓康行

4. C—真竹广嗣　AD & D—早藤大辅　P—增田广大　HM—川岸
YUKARI　ST—片仓康行　AT—片仓康行

5. C—中川裕之　AD & D—佐藤郁　P—佐藤匠

6. C—山口有纪　C & AD—中尾香那　P—圆尾享宏

7. C —飞田智史　AD & D—大野惠利　Pr—高桥知子 伊藤圭太　P—
松木康平　ST—长岛优季　R—江口昌一郎

8. C —上野由加里　AD & D—松村悠里　P—古藤宏树　PA—延藤喜
一

9. C—松下康祐　AD & D—泷上阳一　P—日下庆太　AT—萩原英伸
西川珠央

10. C—田中 KOTOHA　AD—石松爱　D—曾根叶介 藤田典子　P—大
津千宽　R—万岁宏

11. C—栗林岭　AD & D—太田久美子　P—富取正明　R—平野宗

12. C—桥本隼人　AD & D—鸟井口拓真　P—MUKUMETESTUYA

13. C—冈野铁平　AD & D—小路翼

14. C—佐藤大辅　AD—山中博之　D—藤浩嗣　P—松本龙二　HM—
金子 MEGUMI　R—藤浩嗣

15. C—栗林嶺　AD & D—太田久美子　P—宇津木健司

16. C—佐藤日登美　AD & D—三角瞳　Pr—久木田玲子　P—船本涼

■近畿大学国际系 P284

CD—日下庆太　Pr—久安淳 星原卓史　AE—水本顺也

1. C—松下康祐　D—泷上阳一 P—日下庆太 AT—萩原英伸

（2015 年 2 月 15 日《读卖新闻》刊登）

2. C—石本蓝子　D—野村恭平　P—日下庆太

（2015 年 2 月 15 日《每日新闻》刊登）

3. C—大槻祐里　AD—井上信也　D—木村亮　林元气　P—大泷卓也

（2015 年 2 月 15 日《日经新闻》刊登）

■大阪检定海报 P284 ~ P285

CD—日下庆太　I—小路翼　AD—井上信也　D—鸟野亮一　川上沙织　松村悠里　新井公子　长谷川友香

后记

写书并非工作，在公司做我会有所顾忌。回到家希望笔耕不辍，却因孩子们想玩耍而无法专注。结果辗转于咖啡馆、家庭餐厅和漫画茶馆，终于写成此书。因为执笔写作都是利用工作间隙，所以前后花了约一年的时间。现在我的心情就像久积体内的宿便终于拉出来一样，神清气爽。

首先，我要感谢突然从东京来到新世界，问我要不要出书的高部编辑。我只能祈祷高部的眼光独到，能让本书大卖。还要感谢应我要求多次更改设计文本的佐藤；我刚进公司时认识的设计师市野；世界上我最经常叫来画图的插画师小路；总是嘻嘻哈哈给我灵感的新世界伙伴；既优秀又是竞争对手，能交心又让我有所顾虑的公司前辈、同期同事和后辈；教会我可以按照自己喜欢的方式去发挥的都筑先生；让我的人生添色增辉的三户妹子；让我向往撰写文章和小说的伟大作家；与我这个人相关的所有人；一直支持我的家人。真的非常感谢你们。虽然一路写来很是辛苦，但就此结束又甚是寂寞。

　　谨将本书献给我逝去的母亲和妹妹。